BIRMAN

VOCABULAIRE

POUR L'AUTOFORMATION

FRANÇAIS
BIRMAN

Les mots les plus utiles
Pour enrichir votre vocabulaire et aiguiser
vos compétences linguistiques

3000 mots

Vocabulaire Français-Birman pour l'autoformation - 3000 mots

Par Andrey Taranov

Les dictionnaires T&P Books ont pour but de vous aider à apprendre, à mémoriser et à réviser votre vocabulaire en langue étrangère. Ce dictionnaire thématique couvre tous les grands domaines du quotidien: l'économie, les sciences, la culture, etc …

Acquérir du vocabulaire avec les dictionnaires thématiques T&P Books vous offre les avantages suivants:

- Les données d'origine sont regroupées de manière cohérente, ce qui vous permet une mémorisation lexicale optimale
- La présentation conjointe de mots ayant la même racine vous permet de mémoriser des groupes sémantiques entiers (plutôt que des mots isolés)
- Les sous-groupes sémantiques vous permettent d'associer les mots entre eux de manière logique, ce qui facilite votre consolidation du vocabulaire
- Votre maîtrise de la langue peut être évaluée en fonction du nombre de mots acquis

T&P Books Publishing
www.tpbooks.com

ISBN: 978-1-83955-052-2

Ce livre existe également en format électronique.
Pour plus d'informations, veuillez consulter notre site: www.tpbooks.com ou rendez-vous sur ceux des grandes librairies en ligne.

VOCABULAIRE BIRMAN POUR L'AUTOFORMATION
Dictionnaire thématique

Les dictionnaires T&P Books ont pour but de vous aider à apprendre, à mémoriser et à réviser votre vocabulaire en langue étrangère. Ce lexique présente, de façon thématique, plus de 3000 mots les plus fréquents de la langue.

- Ce livre comporte les mots les plus couramment utilisés
- Son usage est recommandé en complément de l'étude de toute autre méthode de langue
- Il répond à la fois aux besoins des débutants et à ceux des étudiants en langues étrangères de niveau avancé
- Il est idéal pour un usage quotidien, des séances de révision ponctuelles et des tests d'auto-évaluation
- Il vous permet de tester votre niveau de vocabulaire

Spécificités de ce dictionnaire thématique:

- Les mots sont présentés de manière sémantique, et non alphabétique
- Ils sont répartis en trois colonnes pour faciliter la révision et l'auto-évaluation
- Les groupes sémantiques sont divisés en sous-groupes pour favoriser l'apprentissage
- Ce lexique donne une transcription simple et pratique de chaque mot en langue étrangère

Ce dictionnaire comporte 101 thèmes, dont:

les notions fondamentales, les nombres, les couleurs, les mois et les saisons, les unités de mesure, les vêtements et les accessoires, les aliments et la nutrition, le restaurant, la famille et les liens de parenté, le caractère et la personnalité, les sentiments et les émotions, les maladies, la ville et la cité, le tourisme, le shopping, l'argent, la maison, le foyer, le bureau, la vie de bureau, l'import-export, le marketing, la recherche d'emploi, les sports, l'éducation, l'informatique, l'Internet, les outils, la nature, les différents pays du monde, les nationalités, et bien d'autres encore …

TABLE DES MATIÈRES

GUIDE DE PRONONCIATION

Remarques

Le système de transcription 'The Myanmar Language Commission Transcription System' (MLCTS) est utilisé comme transcription dans ce livre.
Une description de ce système peut être trouvée ici:
https://en.wiktionary.org/wiki/Wiktionary:Burmese_transliteration
https://en.wikipedia.org/wiki/MLC_Transcription_System

ABRÉVIATIONS
employées dans ce livre

Abréviations en français

adj	-	adjective
adv	-	adverbe
anim.	-	animé
conj	-	conjonction
dénombr.	-	dénombrable
etc.	-	et cetera
f	-	nom féminin
f pl	-	féminin pluriel
fam.	-	familiar
fem.	-	féminin
form.	-	formal
inanim.	-	inanimé
indénombr.	-	indénombrable
m	-	nom masculin
m pl	-	masculin pluriel
m, f	-	masculin, féminin
masc.	-	masculin
math	-	mathematics
mil.	-	militaire
pl	-	pluriel
prep	-	préposition
pron	-	pronom
qch	-	quelque chose
qn	-	quelqu'un
sing.	-	singulier
v aux	-	verbe auxiliaire
v imp	-	verbe impersonnel
vi	-	verbe intransitif
vi, vt	-	verbe intransitif, transitif
vp	-	verbe pronominal
vt	-	verbe transitif

CONCEPTS DE BASE

1. Les pronoms

je	ကျွန်ုပ်	kjunou'
tu	သင်	thin
il	သူ	thu
elle	သူမ	thu ma.
ça	၎င်း	jin:
nous	ကျွန်ုပ်တို့	kjunou' tou.
nous (masc.)	ကျွန်တော်တို့	kjun do. dou.
nous (fem.)	ကျွန်မတို့	kjun ma. tou.
vous	သင်တို့	thin dou.
vous (form., sing.)	သင်	thin
vous (form., pl)	သင်တို့	thin dou.
ils	သူတို့	thu dou.
elles	သူမတို့	thu ma. dou.

2. Adresser des vœux. Se dire bonjour

Bonjour! (fam.)	မင်္ဂလာပါ	min ga. la ba
Bonjour! (form.)	မင်္ဂလာပါ	min ga. la ba
Bonjour! (le matin)	မင်္ဂလာနံနက်ခင်းပါ	min ga, la nan ne' gin: ba
Bonjour! (après-midi)	မင်္ဂလာနေ့လယ်ခင်းပါ	min ga. la nei. le gin: ba
Bonsoir!	မင်္ဂလာညနေခင်းပါ	min ga. la nja nei gin: ba
dire bonjour	နှုတ်ဆက်သည်	hnou' hsei' te
Salut!	ဟိုင်း	hain:
salut (m)	ဟလို	ha. lou
saluer (vt)	နှုတ်ဆက်သည်	hnou' hsei' te
Comment ça va?	နေကောင်းလား	nei gaun: la:
Comment allez-vous?	နေကောင်းပါသလား	nei gaun: ba dha la:
Quoi de neuf?	ဘာထူးသေးလဲ	ba du: dei: le:
Au revoir!	နောက်မှတွေ့ကြမယ်	nau' hma. dwei. gja. me
Au revoir! (form.)	ဂွတ်ဘိုင်	gu' bain
Au revoir! (fam.)	တာတာ	ta. da
À bientôt!	မကြာခင်ပြန်ဆုံကြမယ်	ma gja. gin bjan zoun gja. me
Adieu! (fam.)	နှုတ်ဆက်ပါတယ်	hnou' hsei' pa de
Adieu! (form.)	နှုတ်ဆက်ပါတယ်	hnou' hsei' pa de
dire au revoir	နှုတ်ဆက်သည်	hnou' hsei' te
Salut! (À bientôt!)	တာတာ	ta. da
Merci!	ကျေးဇူးတင်ပါတယ်	kjei: zu: din ba de
Merci beaucoup!	ကျေးဇူးအများကြီးတင်ပါတယ်	kjei: zu: amja: kji: din ba de

Je vous en prie	ရပါတယ်	ja. ba de
Il n'y a pas de quoi	ကိစ္စမရှိပါဘူး	kei. sa ma. shi. ba bu:
Pas de quoi	ရပါတယ်	ja. ba de
Excuse-moi!	ဆောရီးနော်	hso: ji: no:
Excusez-moi!	တောင်းပန်ပါတယ်	thaun: ban ba de
excuser (vt)	ခွင့်လွှတ်သည်	khwin. hlu' te
s'excuser (vp)	တောင်းပန်သည်	thaun: ban de
Mes excuses	တောင်းပန်ပါတယ်	thaun: ban ba de
Pardonnez-moi!	ခွင့်လွှတ်ပါ	khwin. hlu' pa
pardonner (vt)	ခွင့်လွှတ်သည်	khwin. hlu' te
C'est pas grave	ကိစ္စမရှိပါဘူး	kei. sa ma. shi. ba bu:
s'il vous plaît	ကျေးဇူးပြု၍	kjei: zu: pju. i.
N'oubliez pas!	မမေ့ပါနဲ့	ma. mei. ba ne.
Bien sûr!	ရတာပေါ့	ja. da bo.
Bien sûr que non!	မဟုတ်တာသေချာတယ်	ma hou' ta dhei gja de
D'accord!	သဘောတူတယ်	dhabo: tu de
Ça suffit!	တော်ပြီ	to bji

3. Les questions

Qui?	ဘယ်သူလဲ	be dhu le:
Quoi?	ဘာလဲ	ba le:
Où? (~ es-tu?)	ဘယ်မှာလဲ	be hma le:
Où? (~ vas-tu?)	ဘယ်ကိုလဲ	be gou le:
D'où?	ဘယ်ကလဲ	be ga. le:
Quand?	ဘယ်တော့လဲ	be do. le:
Pourquoi? (~ es-tu venu?)	ဘာအတွက်လဲ	ba atwe' le:
Pourquoi? (~ t'es pâle?)	ဘာကြောင့်လဲ	ba gjaun. le:
À quoi bon?	ဘာအတွက်လဲ	ba atwe' le:
Comment?	ဘယ်လိုလဲ	be lau le:
Quel? (à ~ prix?)	ဘယ်လိုမျိုးလဲ	be lau mjou: le:
Lequel?	ဘယ်ဟာလဲ	be ha le:
À qui? (pour qui?)	ဘယ်သူ့ကိုလဲ	be dhu. gou le:
De qui?	ဘယ်သူ့အကြောင်းလဲ	be dhu. kjaun: le:
De quoi?	ဘာအကြောင်းလဲ	ba akjain: le:
Avec qui?	ဘယ်သူနဲ့လဲ	be dhu ne. le:
Combien?	ဘယ်လောက်လဲ	be lau' le:
À qui?	ဘယ်သူ့	be dhu.

4. Les prépositions

avec (~ toi)	နဲ့အတူ	ne. atu
sans (~ sucre)	မပါဘဲ	ma. ba be:
à (aller ~ ...)	သို့	thou.
de (au sujet de)	အကြောင်း	akjaun:
avant (~ midi)	မတိုင်မီ	ma. dain mi

devant (~ la maison)	ရှေ့မှာ	shei. hma
sous (~ la commode)	အောက်မှာ	au' hma
au-dessus de …	အပေါ်မှာ	apo hma
sur (dessus)	အပေါ်	apo
de (venir ~ Paris)	မှ	hma.
en (en bois, etc.)	ဖြင့်	hpjin.

| dans (~ deux heures) | နောက် | nau' |
| par dessus | ဖြတ်လျက် | hpja' lje' |

5. Les mots-outils. Les adverbes. Partie 1

Où? (~ es-tu?)	ဘယ်မှာလဲ	be hma le:
ici (c'est ~)	ဒီမှာ	di hma
là-bas (c'est ~)	ဟိုမှာ	hou hma.

| quelque part (être) | တစ်နေရာရာမှာ | ti' nei ja ja hma |
| nulle part (adv) | ဘယ်မှာမှ | be hma hma. |

| près de … | နားမှာ | na: hma |
| près de la fenêtre | ပြတင်းပေါက်နားမှာ | badin: pau' hna: hma |

Où? (~ vas-tu?)	ဘယ်ကိုလဲ	be gou le:
ici (Venez ~)	ဒီဘက်ကို	di be' kou
là-bas (j'irai ~)	ဟိုဘက်ကို	hou be' kou
d'ici (adv)	ဒီဘက်မှ	di be' hma
de là-bas (adv)	ဟိုဘက်မှ	hou be' hma.

| près (pas loin) | နီးသည် | ni: de |
| loin (adv) | အဝေးမှာ | awei: hma |

près de (~ Paris)	နားမှာ	na: hma
tout près (adv)	သေားမှာ	bei: hma
pas loin (adv)	မနီးမဝေး	ma. ni ma. wei:

gauche (adj)	ဘယ်	be
à gauche (être ~)	ဘယ်ဘက်မှာ	be be' hma
à gauche (tournez ~)	ဘယ်ဘက်	be be'

droit (adj)	ညာဘက်	nja be'
à droite (être ~)	ညာဘက်မှာ	nja be' hma
à droite (tournez ~)	ညာဘက်	nja be'

devant (adv)	ရှေ့မှာ	shei. hma
de devant (adj)	ရှေ့	shei.
en avant (adv)	ရှေ့	shei.

derrière (adv)	နောက်မှာ	nau' hma
par derrière (adv)	နောက်က	nau' ka.
en arrière (regarder ~)	နောက်	nau'

milieu (m)	အလယ်	ale
au milieu (adv)	အလယ်မှာ	ale hma
de côté (vue ~)	သေားမှာ	bei: hma

partout (adv)	နေရာတိုင်းမှာ	nei ja dain: hma
autour (adv)	ပတ်လည်မှာ	pa' le hma
de l'intérieur	အထဲမှ	a hte: hma.
quelque part (aller)	တစ်နေရာရာကို	ti' nei ja ja gou
tout droit (adv)	တိုက်ရိုက်	tai' jai'
en arrière (revenir ~)	အပြန်	apjan
de quelque part (n'import d'où)	တစ်နေရာရာမှ	ti' nei ja ja hma.
de quelque part (on ne sait pas d'où)	တစ်နေရာရာမှ	ti' nei ja ja hma.
premièrement (adv)	ပထမအနေဖြင့်	pahtama. anei gjin.
deuxièmement (adv)	ဒုတိယအနေဖြင့်	du. di. ja. anei bjin.
troisièmement (adv)	တတိယအနေဖြင့်	tati. ja. anei bjin.
soudain (adv)	မတော်တဆ	ma. do da. za.
au début (adv)	အစမှာ	asa. hma
pour la première fois	ပထမဆုံး	pahtama. zoun:
bien avant ...	မတိုင်ခင် အတော်လေး အလိုက	ma. dain gin ato lei: alou ga.
de nouveau (adv)	အသစ်တဖန်	athi' da. ban
pour toujours (adv)	အမြဲတမ်း	amje: dan:
jamais (adv)	ဘယ်တော့မှ	be do hma.
de nouveau, encore (adv)	တဖန်	tahpan
maintenant (adv)	အခုတော့	akhu dau.
souvent (adv)	ခဏခဏ	khana. khana.
alors (adv)	ထိုသို့ဖြစ်လျှင်	htou dhou. bji' shin
d'urgence (adv)	အမြန်	aman
d'habitude (adv)	ပုံမှန်	poun hman
à propos, ...	စကားမစပ်	zaga: ma. za'
c'est possible	ဖြင်နိုင်သည်	hpjin nain de
probablement (adv)	ဖြစ်နိုင်သည်	hpji' nein de
peut-être (adv)	ဖြစ်နိုင်သည်	hpji' nein de
en plus, ...	ဒါအပြင်	da. apjin
c'est pourquoi ...	ဒါကြောင့်	da gjaun.
malgré ...	သော်လည်း	tho lei:
grâce à ...	ကြောင့်	kjaun.
quoi (pron)	ဘာ	ba
que (conj)	ဟု	hu
quelque chose (Il m'est arrivé ~)	တစ်ခုခု	ti' khu. gu.
quelque chose (peut-on faire ~)	တစ်ခုခု	ti' khu. gu.
rien (m)	ဘာမှ	ba hma.
qui (pron)	ဘယ်သူ	be dhu.
quelqu'un (on ne sait pas qui)	တစ်ယောက်ယောက်	ti' jau' jau'
quelqu'un (n'importe qui)	တစ်ယောက်ယောက်	ti' jau' jau'
personne (pron)	ဘယ်သူမှ	be dhu hma.
nulle part (aller ~)	ဘယ်ကိုမှ	be gou hma.
de personne	ဘယ်သူမှမပိုင်သော	be dhu hma ma. bain de.

de n'importe qui	တစ်ယောက်ယောက်ရဲ့	ti' jau' jau' je.
comme ça (adv)	ဒီလို	di lou
également (adv)	ထို့ပြင်လည်း	htou. bjin le:
aussi (adv)	လည်းဘဲ	le: be:

6. Les mots-outils. Les adverbes. Partie 2

Pourquoi?	ဘာကြောင့်လဲ	ba gjaun. le:
pour une certaine raison	တစ်ခုခုကြောင့်	ti' khu. gu. gjaun.
parce que ...	အဘယ်ကြောင့်ဆိုသော်	abe gjo:n. zou dho
pour une raison quelconque	တစ်ခုခုအတွက်	ti' khu. gu. atwe'
et (conj)	နှင့်	hnin.
ou (conj)	သို့မဟုတ်	thou. ma. hou'
mais (conj)	ဒါပေမဲ့	da bei me.
pour ... (prep)	အတွက်	atwe'
trop (adv)	အလွန်	alun
seulement (adv)	သာ	tha
précisément (adv)	အတိအကျ	ati. akja.
près de ... (prep)	ခန့်	khan.
approximativement	ခန့်မှန်းခြေအားဖြင့်	khan hman: gjei a: bjin.
approximatif (adj)	ခန့်မှန်းခြေဖြစ်သော	khan hman: gjei bji' te.
presque (adv)	နီးပါး	ni: ba:
reste (m)	ကျန်သော	kjan de.
l'autre (adj)	တခြားသော	tacha: de.
autre (adj)	အခြားသော	apja: de.
chaque (adj)	တိုင်း	tain:
n'importe quel (adj)	မဆို	ma. zou
beaucoup de (dénombr.)	အမြောက်အများ	amjau' amja:
beaucoup de (indénombr.)	အများကြီး	amja: gji:
plusieurs (pron)	များစွာသော	mja: zwa de.
tous	အားလုံး	a: loun:
en échange de ...	အစား	asa:
en échange (adv)	အစား	asa:
à la main (adv)	လက်ဖြင့်	le' hpjin.
peu probable (adj)	ဖြစ်နိုင်ခြေ နည်းသည်	hpji' nain gjei ni: de
probablement (adv)	ဖြစ်နိုင်သည်	hpji' nein de
exprès (adv)	တမင်	tamin
par accident (adv)	အမှတ်တမဲ့	ahma' ta. me.
très (adv)	သိပ်	thei'
par exemple (adv)	ဥပမာအားဖြင့်	upama a: bjin.
entre (prep)	ကြား	kja:
parmi (prep)	ကြားထဲတွင်	ka: de: dwin:
autant (adv)	ဒီလောက်	di lau'
surtout (adv)	အထူးသဖြင့်	a htu: dha. hjin.

NOMBRES. DIVERS

zéro	သုည	thoun nja.
un	တစ်	ti'
deux	နှစ်	hni'
trois	သုံး	thoun:
quatre	လေး	lei:

cinq	ငါး	nga:
six	ခြောက်	chau'
sept	ခုနှစ်	khun hni'
huit	ရှစ်	shi'
neuf	ကိုး	kou:

dix	တစ်ဆယ်	ti' hse
onze	တစ်ဆယ့်တစ်	ti' hse. ti'
douze	တစ်ဆယ့်နှစ်	ti' hse. hni'
treize	တစ်ဆယ့်သုံး	ti' hse. thoun:
quatorze	တစ်ဆယ့်လေး	ti' hse. lei:

quinze	တစ်ဆယ့်ငါး	ti' hse. nga:
seize	တစ်ဆယ့်ခြောက်	ti' hse. khau'
dix-sept	တစ်ဆယ့်ခုနှစ်	ti' hse. khu ni'
dix-huit	တစ်ဆယ့်ရှစ်	ti' hse. shi'
dix-neuf	တစ်ဆယ့်ကိုး	ti' hse. gou:

vingt	နှစ်ဆယ်	hni' hse
vingt et un	နှစ်ဆယ့်တစ်	hni' hse. ti'
vingt-deux	နှစ်ဆယ့်နှစ်	hni' hse. hni'
vingt-trois	နှစ်ဆယ့်သုံး	hni' hse. thuan:

trente	သုံးဆယ်	thoun: ze
trente et un	သုံးဆယ့်တစ်	thoun: ze. di'
trente-deux	သုံးဆယ့်နှစ်	thoun: ze. hni'
trente-trois	သုံးဆယ့်သုံး	thoun: ze. dhoun:

quarante	လေးဆယ်	lei: hse
quarante et un	လေးဆယ့်တစ်	lei: hse. ti'
quarante-deux	လေးဆယ့်နှစ်	lei: hse. hni'
quarante-trois	လေးဆယ့်သုံး	lei: hse. thaun:

cinquante	ငါးဆယ်	nga: ze
cinquante et un	ငါးဆယ့်တစ်	nga: ze di'
cinquante-deux	ငါးဆယ့်နှစ်	nga: ze hni'
cinquante-trois	ငါးဆယ့်သုံး	nga: ze dhoun:

| soixante | ခြောက်ဆယ် | chau' hse |
| soixante et un | ခြောက်ဆယ့်တစ် | chau' hse. di' |

| soixante-deux | ခြောက်ဆယ့်နှစ် | chau' hse. hni' |
| soixante-trois | ခြောက်ဆယ့်သုံး | chau' hse. dhoun: |

soixante-dix	ခုနစ်ဆယ်	khun hni' hse.
soixante et onze	ခုနစ်ဆယ့်တစ်	qunxcy•tx
soixante-douze	ခုနစ်ဆယ့်နှစ်	khun hni' hse. hni
soixante-treize	ခုနစ်ဆယ့်သုံး	khu. ni' hse. dhoun:

quatre-vingts	ရှစ်ဆယ်	shi' hse
quatre-vingt et un	ရှစ်ဆယ့်တစ်	shi' hse. ti'
quatre-vingt deux	ရှစ်ဆယ့်နှစ်	shi' hse. hni'
quatre-vingt trois	ရှစ်ဆယ့်သုံး	shi' hse. dhun:

quatre-vingt-dix	ကိုးဆယ်	kou: hse
quatre-vingt et onze	ကိုးဆယ့်တစ်	kou: hse. ti'
quatre-vingt-douze	ကိုးဆယ့်နှစ်	kou: hse. hni'
quatre-vingt-treize	ကိုးဆယ့်သုံး	kou: hse. dhaun:

8. Les nombres cardinaux. Partie 2

cent	တစ်ရာ	ti' ja
deux cents	နှစ်ရာ	hni' ja
trois cents	သုံးရာ	thoun; ja
quatre cents	လေးရာ	lei: ja
cinq cents	ငါးရာ	nga: ja

six cents	ခြောက်ရာ	chau' ja
sept cents	ခုနစ်ရာ	khun hni' ja
huit cents	ရှစ်ရာ	shi' ja
neuf cents	ကိုးရာ	kou: ja

mille	တစ်ထောင်	ti' htaun
deux mille	နှစ်ထောင်	hni' taun
trois mille	သုံးထောင်	thoun: daun
dix mille	တစ်သောင်း	ti' thaun:
cent mille	တစ်သိန်း	ti' thein:
million (m)	တစ်သန်း	ti' than:
milliard (m)	ဘီလီယံ	bi li jan

9. Les nombres ordinaux

premier (adj)	ပထမ	pahtama.
deuxième (adj)	ဒုတိယ	du. di. ja.
troisième (adj)	တတိယ	tati. ja,
quatrième (adj)	စတုတ္ထ	zadou' hta.
cinquième (adj)	ပဉ္စမ	pjin sama.

sixième (adj)	ဆဋ္ဌမ	hsa. htama.
septième (adj)	သတ္တမ	tha' tama.
huitième (adj)	အဋ္ဌမ	a' htama.
neuvième (adj)	နဝမ	na. wa. ma.
dixième (adj)	ဒသမ	da dha ma

LES COULEURS. LES UNITÉS DE MESURE

couleur (f)	အရောင်	ajaun
teinte (f)	အသွေးအဆင်း	athwei: ahsin:
ton (m)	အရောင်အသွေး	ajaun athwei:
arc-en-ciel (m)	သက်တံ	the' tan
blanc (adj)	အဖြူရောင်	ahpju jaun
noir (adj)	အနက်ရောင်	ane' jaun
gris (adj)	မဲရောင်	khe: jaun
vert (adj)	အစိမ်းရောင်	asain: jaun
jaune (adj)	အဝါရောင်	awa jaun
rouge (adj)	အနီရောင်	ani jaun
bleu (adj)	အပြာရောင်	apja jaun
bleu clair (adj)	အပြာနုရောင်	apja nu. jaun
rose (adj)	ပန်းရောင်	pan: jaun
orange (adj)	လိမ္မော်ရောင်	limmo jaun
violet (adj)	ခရမ်းရောင်	khajan: jaun
brun (adj)	အညိုရောင်	anjou jaun
d'or (adj)	ရွှေရောင်	shwei jaun
argenté (adj)	ငွေရောင်	ngwei jaun
beige (adj)	ဝါညိုနုရောင်	wa njou nu. jaun
crème (adj)	နို့နှစ်ရောင်	nou. hni' jaun
turquoise (adj)	စိမ်းပြာရောင်	sein: bja jaun
rouge cerise (adj)	ချယ်ရီရောင်	che ji jaun
lilas (adj)	ခရမ်းဖျော့ရောင်	khajan: bjo. jaun
framboise (adj)	ကြက်သွေးရောင်	kje' thwei: jaun
clair (adj)	အရောင်ဖျော့သော	ajaun bjo. de.
foncé (adj)	အရောင်ရင့်သော	ajaun jin. de.
vif (adj)	တောက်ပသော	tau' pa. de.
de couleur (adj)	အရောင်ရှိသော	ajaun shi. de.
en couleurs (adj)	ရောင်စုံ	jau' soun
noir et blanc (adj)	အဖြူအမည်း	ahpju ame:
unicolore (adj)	တစ်ရောင်တည်းရှိသော	ti' jaun te: shi. de.
multicolore (adj)	အရောင်စုံသော	ajaun zoun de.

| poids (m) | အလေးချိန် | alei: gjein |
| longueur (f) | အရှည် | ashei |

---

largeur (f)	အကျယ်	akje
hauteur (f)	အမြင့်	amjin.
profondeur (f)	အနက်	ane'
volume (m)	ထုထည်	du. de
aire (f)	အကျယ်အဝန်း	akje awun:

gramme (m)	ဂရမ်	ga ran
milligramme (m)	မိလီဂရမ်	mi li ga. jan
kilogramme (m)	ကီလိုဂရမ်	ki lou ga jan
tonne (f)	တန်	tan
livre (f)	ပေါင်	paun
once (f)	အောင်စ	aun sa.

mètre (m)	မီတာ	mi ta
millimètre (m)	မိလီမီတာ	mi li mi ta
centimètre (m)	စင်တီမီတာ	sin ti mi ta
kilomètre (m)	ကီလိုမီတာ	ki lou mi ta
mille (m)	မိုင်	main

pouce (m)	လက်မ	le' ma
pied (m)	ပေ	pei
yard (m)	ကိုက်	kou'

| mètre (m) carré | စတုရန်းမီတာ | satu. jan: mi ta |
| hectare (m) | ဟက်တာ | he' ta |

litre (m)	လီတာ	li ta
degré (m)	ဒီဂရီ	di ga ji
volt (m)	ဗို့	boi.
ampère (m)	အမ်ပီယာ	an bi ja
cheval-vapeur (m)	မြင်းကောင်ရေအား	mjin: gaun jei a:

quantité (f)	အရေအတွက်	ajei adwe'
un peu de ...	နည်းနည်း	ne: ne:
moitié (f)	တစ်ဝက်	ti' we'
douzaine (f)	ဒါဇင်	da zin
pièce (f)	ခု	khu.

| dimension (f) | အတိုင်းအတာ | atain: ata |
| échelle (f) (de la carte) | စကေး | sakei: |

minimal (adj)	အနည်းဆုံး	ane: zoun
le plus petit (adj)	အသေးဆုံး	athei: zoun:
moyen (adj)	အလယ်အလတ်	ale ala'
maximal (adj)	အများဆုံး	amja: zoun:
le plus grand (adj)	အကြီးဆုံး	akji: zoun:

12. Les récipients

bocal (m) en verre	ဖန်ဘူး	hpan bu:
boîte, canette (f)	သံဘူး	than bu:
seau (m)	ရေပုံး	jei boun:
tonneau (m)	စည်ပိုင်း	si bain:
bassine, cuvette (f)	ဇလုံ	za loun

cuve (f)	သံစည်	than zi
flasque (f)	အရက်ပုလင်းပြား	aje' pu lin: pja:
jerrican (m)	တက်ဆီပုံး	da' hsi boun:
citerne (f)	တိုင်ကီ	tain ki
tasse (f), mug (m)	မတ်ခွက်	ma' khwe'
tasse (f)	ခွက်	khwe'
soucoupe (f)	အောက်ခံပန်းကန်ပြား	au' khan ban: kan pja:
verre (m) (~ d'eau)	ဖန်ခွက်	hpan gwe'
verre (m) à vin	ဝိုင်ခွက်	wain gwe'
faitout (m)	ပေါင်းအိုး	paun: ou:
bouteille (f)	ပုလင်း	palin:
goulot (m)	ပုလင်းလည်ပင်	palin: le bin:
carafe (f)	ဖန်ချိုင့်	hpan gjain.
pichet (m)	ကရား	kaja:
récipient (m)	အိုးခွက်	ou: khwe'
pot (m)	မြေအိုး	mjei ou:
vase (m)	ပန်းအိုး	pan: ou:
flacon (m)	ပုလင်း	palin:
fiole (f)	ပုလင်းကလေး	palin: galei:
tube (m)	ဘူး	bu:
sac (m) (grand ~)	ဂုန်နီအိတ်	goun ni ei'
sac (m) (~ en plastique)	အိတ်	ei'
paquet (m) (~ de cigarettes)	ဘူး	bu:
boîte (f)	စက္ကူဘူး	se' ku bu:
caisse (f)	သေတ္တာ	thi' ta
panier (m)	တောင်း	taun:

LES VERBES LES PLUS IMPORTANTS

aider (vt)	ကူညီသည်	ku nji de
aimer (qn)	ချစ်သည်	chi' te
aller (à pied)	သွားသည်	thwa: de
apercevoir (vt)	သတိထားမိသည်	dhadi. da: mi. de
appartenir à ...	ပိုင်ဆိုင်သည်	pain zain de
appeler (au secours)	ခေါ်သည်	kho de
attendre (vt)	စောင့်သည်	saun. de
attraper (vt)	ဖမ်းသည်	hpan: de
avertir (vt)	သတိပေးသည်	dhadi. pei: de
avoir (vt)	ရှိသည်	shi. de
avoir confiance	ယုံကြည်သည်	joun kji de
avoir faim	ဗိုက်ဆာသည်	bai' hsa de
avoir peur	ကြောက်သည်	kjau' te
avoir soif	ရေဆာသည်	jei za de
cacher (vt)	ဖုံးကွယ်သည်	hpoun: gwe de
casser (briser)	ဖျက်ဆီးသည်	hpje' hsi: de
cesser (vt)	ရပ်သည်	ja' te
changer (vt)	ပြောင်းလဲသည်	pjaun: le: de
chasser (animaux)	အမဲလိုက်သည်	ame: lai' de
chercher (vt)	ရှာသည်	sha de
choisir (vt)	ရွေးသည်	jwei: de
commander (~ le menu)	မှာသည်	hma de
commencer (vt)	စတင်သည်	sa. tin de
comparer (vt)	နှိုင်းယှဉ်သည်	hnain: shin de
comprendre (vt)	နားလည်သည်	na: le de
compter (dénombrer)	ရေတွက်သည်	jei dwe' te
compter sur ...	အားကိုးသည်	a: kou: de
confondre (vt)	ရောထွေးသည်	jo: dwei: de
connaître (qn)	သိသည်	thi. de
conseiller (vt)	အကြံပေးသည်	akjan bei: de
continuer (vt)	ဆက်လုပ်သည်	hse' lou' te
contrôler (vt)	ထိန်းချုပ်သည်	htein: gjou' te
courir (vi)	ပြေးသည်	pjei: de
coûter (vt)	ကုန်ကျသည်	koun kja de
créer (vt)	ဖန်တီးသည်	hpan di: de
creuser (vt)	တူးသည်	tu: de
crier (vi)	အော်သည်	o de

14. Les verbes les plus importants. Partie 2

décorer (~ la maison)	အလှဆင်သည်	ahla. zin dhe
défendre (vt)	ကာကွယ်သည်	ka gwe de
déjeuner (vi)	နေ့လယ်စာစားသည်	nei. le za za de
demander (~ l'heure)	မေးသည်	mei: de
demander (de faire qch)	တောင်းဆိုသည်	taun: hsou: de

descendre (vi)	ဆင်းသည်	hsin: de
deviner (vt)	မှန်းဆသည်	hman za de
dîner (vi)	ညစာစားသည်	nja. za za: de
dire (vt)	ပြောသည်	pjo: de
diriger (~ une usine)	ညွှန်ကြားသည်	hnjun gja: de
discuter (vt)	ဆွေးနွေးသည်	hswe: nwe: de

donner (vt)	ပေးသည်	pei: de
donner un indice	အရိပ်အမြွက်ပေးသည်	aji' ajmwe' pei: de
douter (vt)	သံသယဖြစ်သည်	than thaja. bji' te
écrire (vt)	ရေးသည်	jei: de
entendre (bruit, etc.)	ကြားသည်	ka: de

entrer (vi)	ဝင်သည်	win de
envoyer (vt)	ပို့သည်	pou. de
espérer (vi)	မျှော်လင့်သည်	hmjo. lin. de
essayer (vt)	စမ်းကြည့်သည်	san: kji. de
être (~ fatigué)	ဖြစ်နေသည်	hpji' nei de
être (~ médecin)	ဖြစ်သည်	hpji' te
être d'accord	သဘောတူသည်	dhabo: tu de
être nécessaire	အလိုရှိသည်	alou' shi. de
être pressé	လောသည်	lo de

étudier (vt)	သင်ယူလေ့လာသည်	thin ju lei. la de
excuser (vt)	ခွင့်လွှတ်သည်	khwin. hlu' te
exiger (vt)	တိုက်တွန်းသည်	tai' tun: de
exister (vi)	တည်ရှိသည်	ti shi. de
expliquer (vt)	ရှင်းပြသည်	shin: bja. de

faire (vt)	ပြုလုပ်သည်	pju: lou' te
faire tomber	ဖျတ်ချသည်	hpjou' cha. de
finir (vt)	ပြီးသည်	pji: de
garder (conserver)	ထိန်းထားသည်	htein: da: de
gronder, réprimander (vt)	ဆူသည်	hsu. de

informer (vt)	အကြောင်းကြားသည်	akjaun: kja: de
insister (vi)	တိုက်တွန်းပြောဆိုသည်	tou' tun: bjo: zou de
insulter (vt)	စော်ကားသည်	so ga: de
inviter (vt)	ဖိတ်သည်	hpi' de
jouer (s'amuser)	ကစားသည်	gaza: de

15. Les verbes les plus importants. Partie 3

libérer (ville, etc.)	လွတ်မြောက်စေသည်	lu' mjau' sei de
lire (vi, vt)	ဖတ်သည်	hpa' te

louer (prendre en location)	ငှားသည်	hnga: de
manquer (l'école)	ပျက်ကွက်သည်	pje' kwe' te
menacer (vt)	ခြိမ်းခြောက်သည်	chein: gjau' te

mentionner (vt)	ဖော်ပြသည်	hpjo bja. de
montrer (vt)	ပြသည်	pja. de
nager (vi)	ရေကူးသည်	jei ku: de
objecter (vt)	ငြင်းသည်	njin: de
observer (vt)	စောင့်ကြည့်သည်	saun. gji. de

ordonner (mil.)	အမိန့်ပေးသည်	amin. bei: de
oublier (vt)	မေ့သည်	mei. de
ouvrir (vt)	ဖွင့်သည်	hpwin. de
pardonner (vt)	ခွင့်လွှတ်သည်	khwin. hlu' te
parler (vi, vt)	ပြောသည်	pjo: de

participer à ...	ပါဝင်သည်	pa win de
payer (régler)	ပေးရေသည်	pei: gjei de
penser (vi, vt)	ထင်သည်	htin de
permettre (vt)	ခွင့်ပြုသည်	khwin bju. de
plaire (être apprécié)	ကြိုက်သည်	kjai' de

plaisanter (vi)	စနောက်သည်	sanau' te
planifier (vt)	စီစဉ်သည်	si zin de
pleurer (vi)	ငိုသည်	ngou de
posséder (vt)	ပိုင်ဆိုင်သည်	pain zain de
pouvoir (v aux)	တတ်နိုင်သည်	ta' nain de
préférer (vt)	ပိုကြိုက်သည်	pou gjai' te

prendre (vt)	ယူသည်	ju de
prendre en note	ရေးထားသည်	jei: da: de
prendre le petit déjeuner	နံနက်စာစားသည်	nan ne' za za: de
préparer (le dîner)	ချက်ပြုတ်သည်	che' pjou' te
prévoir (vt)	ကြိုမြင်သည်	kjou mjin de

prier (~ Dieu)	ရှိခိုးသည်	shi. gou: de
promettre (vt)	ကတိပေးသည်	gadi pei: de
prononcer (vt)	အသံထွက်သည်	athan dwe' te
proposer (vt)	အဆိုပြုသည်	ahsou bju. de
punir (vt)	အပြစ်ပေးသည်	apja' pei: de

16. Les verbes les plus importants. Partie 4

recommander (vt)	အကြံပြုထောက်ခံသည်	akjan pju htau' khan de
regretter (vt)	နောင်တရသည်	naun da. ja. de
répéter (dire encore)	ထပ်လုပ်သည်	hta' lou' te
répondre (vi, vt)	ဖြေသည်	hpjei de
réserver (une chambre)	မှာသည်	hma de

rester silencieux	နှုတ်ဆိတ်သည်	hnou' hsei' te
réunir (regrouper)	ပေါင်းစည်းသည်	paun: ze: de
rire (vi)	ရယ်သည်	je de
s'arrêter (vp)	ရပ်သည်	ja' te
s'asseoir (vp)	ထိုင်သည်	htain de

sauver (la vie à qn)	ကယ်ဆယ်သည်	ke ze de
savoir (qch)	သိသည်	thi. de
se baigner (vp)	ရေကူးသည်	jei ku: de
se plaindre (vp)	တိုင်ပြောသည်	tain bjo: de
se refuser (vp)	ငြင်းဆန်သည်	njin: zan de
se tromper (vp)	မှားသည်	hma: de
se vanter (vp)	ကြွားသည်	kjwa: de
s'étonner (vp)	အံ့သြသည်	an. o. de
s'excuser (vp)	တောင်းပန်သည်	thaun: ban de
signer (vt)	လက်မှတ်ထိုးသည်	le' hma' htou: de
signifier (vt)	ဆိုလိုသည်	hsou lou de
s'intéresser (vp)	စိတ်ဝင်စားသည်	sei' win za: de
sortir (aller dehors)	ထွက်သည်	htwe' te
sourire (vi)	ပြုံးသည်	pjoun: de
sous-estimer (vt)	လျှော့တွက်သည်	sho. dwe' de
suivre ... (suivez-moi)	လိုက်သည်	lai' te
tirer (vi)	ပစ်သည်	pi' te
tomber (vi)	ကျဆင်းသည်	kja zin: de
toucher (avec les mains)	ကိုင်သည်	kain de
tourner (~ à gauche)	ကွေ့သည်	kwei. de
traduire (vt)	ဘာသာပြန်သည်	ba dha bjan de
travailler (vi)	အလုပ်လုပ်သည်	alou' lou' te
tromper (vt)	လိမ်ပြောသည်	lain bjo: de
trouver (vt)	ရှာတွေ့သည်	sha dwei. de
tuer (vt)	သတ်သည်	tha' te
vendre (vt)	ရောင်းသည်	jaun: de
venir (vi)	ရောက်သည်	jau' te
voir (vt)	မြင်သည်	mjin de
voler (avion, oiseau)	ပျံသန်းသည်	pjan dan: de
voler (qch à qn)	ခိုးသည်	khou: de
vouloir (vt)	လိုချင်သည်	lou gjin de

LA NOTION DE TEMPS. LE CALENDRIER

17. Les jours de la semaine

lundi (m)	တနင်္လာ	tanin: la
mardi (m)	အင်္ဂါ	in ga
mercredi (m)	ဗုဒ္ဓဟူး	bou' da. hu:
jeudi (m)	ကြာသပတေး	kja dha ba. dei:
vendredi (m)	သောကြာ	thau' kja
samedi (m)	စနေ	sanei
dimanche (m)	တနင်္ဂနွေ	tanin: ganwei
aujourd'hui (adv)	ယနေ့	ja. nei.
demain (adv)	မနက်ဖြန်	mane' bjan
après-demain (adv)	သဘက်ခါ	dhabe' kha
hier (adv)	မနေ့က	ma. nei. ka.
avant-hier (adv)	တနေ့က	ta. nei. ga.
jour (m)	နေ့	nei.
jour (m) ouvrable	ရုံးဖွင့်ရက်	joun: hpwin je'
jour (m) férié	ပွဲတော်ရက်	pwe: do je'
jour (m) de repos	ရုံးပိတ်ရက်	joun: bei' je'
week-end (m)	ရုံးပိတ်ရက်များ	joun: hpwin je' mja:
toute la journée	တနေ့လုံး	ta. nei. loun:
le lendemain	နောက်နေ့	nau' nei.
il y a 2 jours	လွန်ခဲ့သော နှစ်ရက်က	lun ge: de. hni' ja' ka.
la veille	အကျိုနေ့မှာ	akjou nei. hma
quotidien (adj)	နေ့စဉ်	nei. zin
tous les jours	နေ့တိုင်း	nei dain:
semaine (f)	ရက်သတ္တပတ်	je' tha' daba'
la semaine dernière	ပြီးခဲ့တဲ့အပတ်က	pji: ge. de. apa' ka.
la semaine prochaine	လာမယ့်အပတ်မှာ	la. me. apa' hma
hebdomadaire (adj)	အပတ်စဉ်	apa' sin
chaque semaine	အပတ်စဉ်	apa' sin
2 fois par semaine	တစ်ပတ် နှစ်ကြိမ်	ti' pa' hni' kjein
tous les mardis	အင်္ဂါနေ့တိုင်း	in ga nei. dain:

18. Les heures. Le jour et la nuit

matin (m)	နံနက်ခင်း	nan ne' gin:
le matin	နံနက်ခင်းမှာ	nan ne' gin: hma
midi (m)	မွန်းတည့်	mun: de.
dans l'après-midi	နေ့လယ်စာစားချိန်ပြီးနောက်	nei. le za za: gjein bji: nau'
soir (m)	ညနေခင်း	nja. nei gin:
le soir	ညနေခင်းမှာ	nja. nei gin: hma

nuit (f)	ည	nja
la nuit	ညမှာ	nja hma
minuit (f)	သန်းခေါင်ယံ	than: gaun jan
seconde (f)	စက္ကန့်	se' kan.
minute (f)	မိနစ်	mi. ni'
heure (f)	နာရီ	na ji
demi-heure (f)	နာရီဝက်	na ji we'
un quart d'heure	ဆယ့်ငါးမိနစ်	hse. nga: mi. ni'
quinze minutes	၁၅ မိနစ်	ta' hse. nga: mi ni'
vingt-quatre heures	နှစ်ဆယ်လေးနာရီ	hni' hse lei: na ji
lever (m) du soleil	နေထွက်ချိန်	nei dwe' gjein
aube (f)	အာရုဏ်ဦး	a joun u:
point (m) du jour	နံနက်စောစော	nan ne' so: zo:
coucher (m) du soleil	နေဝင်ချိန်	nei win gjein
tôt le matin	နံနက်အစောပိုင်း	nan ne' aso: bain:
ce matin	ယနေ့နံနက်	ja. nei. nan ne'
demain matin	မနက်ဖြန်နံနက်	mane' bjan nan ne'
cet après-midi	ယနေ့နေ့လယ်	ja. nei. nei. le
dans l'après-midi	နေ့လယ်စာစားချိန်ပြီးနောက်	nei. le za za: gjein bji: nau'
demain après-midi	မနက်ဖြန်မွန်းလွဲပိုင်း	mane' bjan mun: lwe: bain:
ce soir	ယနေ့သာနေ	ja. nei. nja. nei
demain soir	မနက်ဖြန်ညနေ	mane' bjan nja. nei
à 3 heures précises	၃ နာရီတွင်	thoun: na ji dwin
autour de 4 heures	၄ နာရီခန့်တွင်	lei: na ji khan dwin
vers midi	၁၂ နာရီအရောက်	hse. hni' na ji ajau'
dans 20 minutes	နောက် မိနစ် ၂၀ မှာ	nau' mi. ni' hni' se hma
dans une heure	နောက်တစ်နာရီမှာ	nau' ti' na ji hma
à temps	အချိန်ကိုက်	achein kai'
… moins le quart	မတ်တင်း	ma' tin:
en une heure	တစ်နာရီအတွင်း	ti' na ji atwin:
tous les quarts d'heure	၁၅ မိနစ်တိုင်း	ta' hse. nga: mi ni' htain:
24 heures sur 24	၂၄ နာရီလုံး	hna' hse. lei: na ji

19. Les mois. Les saisons

janvier (m)	ဇန်နဝါရီလ	zan na. wa ji la.
février (m)	ဖေဖော်ဝါရီလ	hpei bo wa ji la
mars (m)	မတ်လ	ma' la.
avril (m)	ဧပြီလ	ei bji la.
mai (m)	မေလ	mei la.
juin (m)	ဇွန်လ	zun la.
juillet (m)	ဇူလိုင်လ	zu lain la.
août (m)	သြဂုတ်လ	o: gou' la.
septembre (m)	စက်တင်ဘာလ	sa' htin ba la.
octobre (m)	အောက်တိုဘာလ	au' tou ba la

novembre (m)	နိဝင်ဘာလ	nou win ba la.
décembre (m)	ဒီဇင်ဘာလ	di zin ba la.
printemps (m)	နွေဦးရာသီ	nwei: u: ja dhi
au printemps	နွေဦးရာသီမှာ	nwei: u: ja dhi hma
de printemps (adj)	နွေဦးရာသီနှင့်ဆိုင်သော	nwei: u: ja dhi hnin. zain de.
été (m)	နွေရာသီ	nwei: ja dhi
en été	နွေရာသီမှာ	nwei: ja dhi hma
d'été (adj)	နွေရာသီနှင့်ဆိုင်သော	nwei: ja dhi hnin. zain de.
automne (m)	ဆောင်းဦးရာသီ	hsaun: u: ja dhi
en automne	ဆောင်းဦးရာသီမှာ	hsaun: u: ja dhi hma
d'automne (adj)	ဆောင်းဦးရာသီနှင့်ဆိုင်သော	hsaun: u: ja dhi hnin. zain de.
hiver (m)	ဆောင်းရာသီ	hsaun: ja dhi
en hiver	ဆောင်းရာသီမှာ	hsaun: ja dhi hma
d'hiver (adj)	ဆောင်းရာသီနှင့်ဆိုင်သော	hsaun: ja dhi hnin. zain de.
mois (m)	လ	la.
ce mois	ဒီလ	di la.
le mois prochain	နောက်လ	nau' la
le mois dernier	ယခင်လ	jakhin la.
il y a un mois	ပြီးခဲ့တဲ့တစ်လကျော်	pji: ge. de. di' la. gjo
dans un mois	နောက်တစ်လကျော်	nau' ti' la. gjo
dans 2 mois	နောက်နှစ်လကျော်	nau' hni' la. gjo
tout le mois	တစ်လလုံး	ti' la. loun:
tout un mois	တစ်လလုံး	ti' la. loun:
mensuel (adj)	လစဉ်	la. zin
mensuellement	လစဉ်	la. zin
chaque mois	လတိုင်း	la. dain:
2 fois par mois	တစ်လနှစ်ကြိမ်	ti' la. hni' kjein:
année (f)	နှစ်	hni'
cette année	ဒီနှစ်မှာ	di hna' hma
l'année prochaine	နောက်နှစ်မှာ	nau' hni' hnma
l'année dernière	ယခင်နှစ်မှာ	jakhin hni' hma
il y a un an	ပြီးခဲ့တဲ့တစ်နှစ်ကျော်က	pji: ge. de. di' hni' kjo ga.
dans un an	နောက်တစ်နှစ်ကျော်	nau' ti' hni' gjo
dans 2 ans	နောက်နှစ်နှစ်ကျော်	nau' hni' hni' gjo
toute l'année	တစ်နှစ်လုံး	ti' hni' loun:
toute une année	တစ်နှစ်လုံး	ti' hni' loun:
chaque année	နှစ်တိုင်း	hni' tain:
annuel (adj)	နှစ်စဉ်ဖြစ်သော	hni' san bji' te.
annuellement	နှစ်စဉ်	hni' san
4 fois par an	တစ်နှစ်လေးကြိမ်	ti' hni' lei: gjein
date (f) (jour du mois)	နေ့စွဲ	nei. zwe:
date (f) (~ mémorable)	ရက်စွဲ	je' swe:
calendrier (m)	ပြက္ခဒိန်	pje' gadein
six mois	နှစ်ဝက်	hni' we'
semestre (m)	နှစ်ဝက်	hni' we'

saison (f)	ရာသီ	ja dhi
siècle (m)	ရာစု	jazu.

LES VOYAGES. L'HÔTEL

tourisme (m)	ခရီးသွားလုပ်ငန်း	khaji: thwa: lou' ngan:
touriste (m)	ကမ္ဘာလှည့်ခရီးသည်	ga ba hli. kha. ji: de
voyage (m) (à l'étranger)	ခရီးထွက်ခြင်း	khaji: htwe' chin:
aventure (f)	စွန့်စားမှု	sun. za: hmu.
voyage (m)	ခရီး	khaji:
vacances (f pl)	ရွှင်ရက်	khwin. je'
être en vacances	အခွင့်ယူသည်	akhwin. ju de
repos (m) (jours de ~)	အနားယူခြင်း	ana: ju gjin:
train (m)	ရထား	jatha:
en train	ရထားနဲ့	jatha: ne.
avion (m)	လေယာဉ်	lei jan
en avion	လေယာဉ်နဲ့	lei jan ne.
en voiture	ကားနဲ့	ka: ne.
en bateau	သင်္ဘောနဲ့	thin: bo: ne.
bagage (m)	ဝန်စည်စလည်	wun zi za. li
malle (f)	သားရေသေတ္တာ	tha: jei dhi' ta
chariot (m)	ပစ္စည်းတင်ရန်တွန်းလှည်း	pji' si: din jan dun: hle:
passeport (m)	နိုင်ငံကူးလက်မှတ်	nain ngan gu: le' hma'
visa (m)	ဗီဇာ	bi za
ticket (m)	လက်မှတ်	le' hma'
billet (m) d'avion	လေယာဉ်လက်မှတ်	lei jan le' hma'
guide (m) (livre)	လမ်းညွှန်စာအုပ်	lan: hnjun za ou'
carte (f)	မြေပုံ	mjei boun
région (f) (~ rurale)	ဒေသ	dei dha.
endroit (m)	နေရာ	nei ja
exotisme (m)	အထူးအဆန်းပစ္စည်း	a htu: a hsan: bji' si:
exotique (adj)	အထူးအဆန်းဖြစ်သော	a htu: a hsan: hpja' te.
étonnant (adj)	အံ့သြစရာကောင်းသော	an. o: sa ja kaun de.
groupe (m)	အုပ်စု	ou' zu.
excursion (f)	လေ့လာရေးခရီး	lei. la jei: gaji:
guide (m) (personne)	လမ်းညွှန်	lan: hnjun

hôtel (m)	ဟိုတယ်	hou te
motel (m)	မိုတယ်	mou te
3 étoiles	ကြယ် ၃ ပွင့်အဆင့်	kje thoun; pwin. ahsin.

28

| 5 étoiles | ကြယ် ၅ ပွင့်အဆင့် | kje nga: pwin. ahsin. |
| descendre (à l'hôtel) | တည်းခိုသည် | te: khou de |

chambre (f)	အခန်း	akhan:
chambre (f) simple	တစ်ယောက်ခန်း	ti' jau' khan:
chambre (f) double	နှစ်ယောက်ခန်း	hni' jau' khan:
réserver une chambre	ကြိုတင်မှာယူသည်	kjou tin hma ju de

| demi-pension (f) | ကြိုတင်တစ်ဝက်ငွေရှေချိုင်း | kjou tin di' we' ngwe gjei gjin: |
| pension (f) complète | ငွေအပြည့်ကြို တင်ပေးရှေချိုင်း | ngwei apjei. kjou din bei: chei chin: |

avec une salle de bain	ရေချိုးခန်းနှင့်	jei gjou gan: hnin.
avec une douche	ရေပန်းနှင့်	jei ban: hnin.
télévision (f) par satellite	ဂြိုဟ်တုရုပ်မြင်သံကြား	gjou' htu. jou' mjin dhan gja:
climatiseur (m)	လေအေးပေးစက်	lei ei: bei: ze'
serviette (f)	တဘက်	tabe'
clé (f)	သော့	tho.

administrateur (m)	အုပ်ချုပ်ရေးမှူး	ou' chu' jei: hmu:
femme (f) de chambre	သန့်ရှင်းရေးဝန်ထမ်း	than. shin: jei: wun dan:
porteur (m)	အထမ်းသမား	a htan: dha. ma:
portier (m)	တံခါးဝမှ ဈေ့ကြို	daga: wa. hma. e. kjou

restaurant (m)	စားသောက်ဆိုင်	sa: thau' hsain
bar (m)	ဘား	ba:
petit déjeuner (m)	နံနက်စာ	nan ne' za
dîner (m)	ညစာ	nja. za
buffet (m)	ဘူဖေး	bu hpei:

| hall (m) | နာရောင်ခန်း | hna jaun gan: |
| ascenseur (m) | တတ်လှေကား | da' hlei ga: |

| PRIÈRE DE NE PAS DÉRANGER | မနှောင့်ယှက်ရ | ma. hnaun hje' ja. |
| DÉFENSE DE FUMER | ဆေးလိပ်မသောက်ရ | hsei: lei' ma. dhau' ja. |

22. Le tourisme

monument (m)	ရုပ်တု	jou' tu.
forteresse (f)	ခံတပ်ကြီး	khwan da' kji:
palais (m)	နန်းတော်	nan do
château (m)	ရဲတိုက်	je: dai'
tour (f)	မျှော်စင်	hmjo zin
mausolée (m)	ဂူဗိမာန်	gu bi. man

architecture (f)	ဗိသုကာပညာ	bi. thu. ka pjin nja
médiéval (adj)	အလယ်ခေတ်နှင့်ဆိုင်သော	ale khei' hnin. zain de.
ancien (adj)	ရှေးကျသော	shei: gja. de
national (adj)	အမျိုးသားနှင့်ဆိုင်သော	amjou: dha: hnin. zain de.
connu (adj)	နာမည်ကြီးသော	na me gji: de.

| touriste (m) | ကမ္ဘာလှည့်ခရီးသည် | ga ba hli. kha. ji: de |
| guide (m) (personne) | လမ်းညွှန် | lan: hnjun |

excursion (f)	လေ့လာရေးခရီး	lei. la jei: gaji:
montrer (vt)	ပြသသည်	pja. de
raconter (une histoire)	ပြောပြသည်	pjo: bja. de

trouver (vt)	ရှာတွေ့သည်	sha dwei. de
se perdre (vp)	ပျောက်သည်	pjau' te
plan (m) (du metro, etc.)	မြေပုံ	mjei boun
carte (f) (de la ville, etc.)	မြေပုံ	mjei boun

souvenir (m)	အမှတ်တရလက်ဆောင်ပစ္စည်း	ahma' ta ra le' hsaun pji' si:
boutique (f) de souvenirs	လက်ဆောင်ပစ္စည်းဆိုင်	le' hsaun pji' si: zain
prendre en photo	ဓာတ်ပုံရိုက်သည်	da' poun jai' te
se faire prendre en photo	ဓာတ်ပုံရိုက်သည်	da' poun jai' te

LES TRANSPORTS

23. L'aéroport

aéroport (m)	လေဆိပ်	lei zi'
avion (m)	လေယာဉ်	lei jan
compagnie (f) aérienne	လေကြောင်း	lei gjaun:
contrôleur (m) aérien	လေကြောင်းထိန်း	lei kjaun: din:
départ (m)	ထွက်ခွာရာ	htwe' khwa ja
arrivée (f)	ဆိုက်ရောက်ရာ	hseu' jau' ja
arriver (par avion)	ဆိုက်ရောက်သည်	hsai' jau' te
temps (m) de départ	ထွက်ခွာချိန်	htwe' khwa gjein
temps (m) d'arrivée	ဆိုက်ရောက်ချိန်	hseu' jau' chein
être retardé	နောက်ကျသည်	nau' kja. de
retard (m) de l'avion	လေယာဉ်နောက်ကျခြင်း	lei jan nau' kja. chin:
tableau (m) d'informations	လေယာဉ်ခရီးစဉ်ပြဘုတ်	lei jan ga. ji: zi bja. bou'
information (f)	သတင်းအချက်အလက်	dhadin: akje' ale'
annoncer (vt)	ကြေငြာသည်	kjei nja de
vol (m)	ပျံသန်းမှု	pjan dan: hmu.
douane (f)	အကောက်ဆိပ်	akau' hsein
douanier (m)	အကောက်ခွန်အရာရှိ	akau' khun aja shi.
déclaration (f) de douane	အကောက်ခွန်ကြေငြာချက်	akau' khun gjei nja gje'
remplir (vt)	လျှောက်လွှာဖြည့်သည်	shau' hlwa bji. de
remplir la déclaration	သယ်ယူပစ္စည်းစာရင်း ကြေညာသည်	the ju pji' si: zajin: kjei nja de
contrôle (m) de passeport	ပတ်စ်ပို့ထိန်းချုပ်မှု	pa's pou. htein: gju' hmu.
bagage (m)	ဝန်စည်စလည်	wun zi za. li
bagage (m) à main	လက်ဆွဲပစ္စည်း	le' swe: pji' si:
chariot (m)	ပစ္စည်းတင်သည့်လှည်း	pji' si: din dhe. hle:
atterrissage (m)	ဆင်းသက်ခြင်း	hsin: dha' chin:
piste (f) d'atterrissage	အဆင်းလမ်း	ahsin: lan:
atterrir (vi)	ဆင်းသက်သည်	hsin: dha' te
escalier (m) d'avion	လေယာဉ်လှေကား	lei jan hlei ka:
enregistrement (m)	စာရင်းသွင်းခြင်း	sajin: dhwin: gjin:
comptoir (m) d'enregistrement	စာရင်းသွင်းကောင်တာ	sajin: gaun da
s'enregistrer (vp)	စာရင်းသွင်းသည်	sajin: dhwin: de
carte (f) d'embarquement	လေယာဉ်ပေါ်တက်ခွင့်လက်မှတ်	lei jan bo de' khwin. le' hma'
porte (f) d'embarquement	လေယာဉ်ထွက်ခွာရာဂိတ်	lei jan dwe' khwa ja gei'
transit (m)	အကူးအပြောင်း	aku: apjaun:
attendre (vt)	စောင့်သည်	saun. de

salle (f) d'attente	ထွက်ခွာရာခန်းမ	htwe' kha ja gan: ma.
raccompagner (à l'aéroport, etc.)	လိုက်ပို့သည်	lai' bou. de
dire au revoir	နှုတ်ဆက်သည်	hnou' hsei' te

24. L'avion

avion (m)	လေယာဉ်	lei jan
billet (m) d'avion	လေယာဉ်လက်မှတ်	lei jan le' hma'
compagnie (f) aérienne	လေကြောင်း	lei gjaun:
aéroport (m)	လေဆိပ်	lei zi'
supersonique (adj)	အသံထက်မြန်သော	athan de' mjan de.
commandant (m) de bord	လေယာဉ်မှူး	lei jan hmu:
équipage (m)	လေယာဉ်အမှုထမ်းအဖွဲ့	lei jan ahmu. dan: ahpwe.
pilote (m)	လေယာဉ်မောင်းသူ	lei jan maun dhu
hôtesse (f) de l'air	လေယာဉ်မယ်	lei jan me
navigateur (m)	လေကြောင်းပြ	lei gjaun: bja.
ailes (f pl)	လေယာဉ်တောင်ပံ	lei jan daun ban
queue (f)	လေယာဉ်အမြီး	lei jan amji:
cabine (f)	လေယာဉ်မောင်းအခန်း	lei jan maun akhan:
moteur (m)	အင်ဂျင်	in gjin
train (m) d'atterrissage	အောက်ခံဘောင်	au' khan baun
turbine (f)	တာဘိုင်	ta bain
hélice (f)	ပန်ကာ	pan ga
boîte (f) noire	ဘလက်ဘောက်	ba. le' bo'
gouvernail (m)	ပဲ့ကိုင်ဘီး	pe. gain bi:
carburant (m)	လောင်စာ	laun za
consigne (f) de sécurité	အရေးပေါ် လုံခြုံရေး ညွှန်ကြားစာ	ajei: po' choun loun jei: hnjun gja: za
masque (m) à oxygène	အောက်ဆီဂျင်မျက်နှာဖုံး	au' hsi gjin mje' hna hpoun:
uniforme (m)	ယူနီဖောင်း	ju ni hpaun:
gilet (m) de sauvetage	အသက်ကယ်အင်္ကျီ	athe' kai in: gji
parachute (m)	လေထီး	lei di:
décollage (m)	ထွက်ခွာခြင်း	htwe' khwa gjin:
décoller (vi)	ပျံတက်သည်	pjan de' te
piste (f) de décollage	လေယာဉ်ပြေးလမ်း	lei jan bei: lan:
visibilité (f)	မြင်ကွင်း	mjin gwin:
vol (m) (~ d'oiseau)	ပျံသန်းခြင်း	pjan dan: gjin:
altitude (f)	အမြင့်	amjin.
trou (m) d'air	လေမငြိမ်အရပ်	lei ma ngjin aja'
place (f)	ထိုင်ခုံ	htain goun
écouteurs (m pl)	နားကြပ်	na: kja'
tablette (f)	ခေါက်စားပွဲ	khau' sa: bwe:
hublot (m)	လေယာဉ်ပြတင်းပေါက်	lei jan bja. din: bau'
couloir (m)	မင်းလမ်း	min: lan:

25. Le train

train (m)	ရထား	jatha:
train (m) de banlieue	လှျပ်စစ်ဓာတ်အားသုံးရထား	hlja' si' da' a: dhou: ja da:
TGV (m)	အမြန်ရထား	aman ja. hta:
locomotive (f) diesel	ဒီဇယ်ရထား	di ze ja da:
locomotive (f) à vapeur	ရေနွေးငွေ့စက်ခေါင်း	jei nwei: ngwei. ze' khaun:

wagon (m)	အတွဲ	atwe:
wagon-restaurant (m)	စားသောက်တွဲ	sa: thau' thwe:

rails (m pl)	ရထားသံလမ်း	jatha dhan lan:
chemin (m) de fer	ရထားလမ်း	jatha: lan:
traverse (f)	ဇလီဖားတုံး	zali ba: doun

quai (m)	စကြံန်	sin gjan
voie (f)	ရထားစကြံန်	jatha zin gjan
sémaphore (m)	မီးပြိုင်	mi: bwain.
station (f)	ဘူတာရုံ	bu da joun

conducteur (m) de train	ရထားမောင်းသူ	jatha: maun: dhu
porteur (m)	အထမ်းသမား	a htan: dha. ma:
steward (m)	အစောင့်	asaun.
passager (m)	ခရီးသည်	khaji: de
contrôleur (m) de billets	လက်မှတ်စစ်ဆေးသူ	le' hma' ti' hsei: dhu:

couloir (m)	ကော်ရစ်တာ	ko ji' ta
frein (m) d'urgence	အရေးပေါ်ဘရိတ်	ajei: po' ba ji'

compartiment (m)	အခန်း	akhan:
couchette (f)	အိပ်စင်	ei' zin
couchette (f) d'en haut	အပေါ်ထပ်အိပ်စင်	apo htap ei' sin
couchette (f) d'en bas	အောက်ထပ်အိပ်စင်	au' hta' ei' sin
linge (m) de lit	အိပ်ရာခင်း	ei' ja khin:

ticket (m)	လက်မှတ်	le' hma'
horaire (m)	အချိန်ဇယား	achein zaja:
tableau (m) d'informations	အချက်အလက်ပြနေရာ	ache ale' pja. nei ja

partir (vi)	ထွက်ခွါသည်	htwe' khwa de
départ (m) (du train)	အထွက်	a htwe'
arriver (le train)	ဆိုက်ရောက်သည်	hseu' jau' de
arrivée (f)	ဆိုက်ရောက်ရာ	hseu' jau' ja

arriver en train	မီးရထားဖြင့်ရောက်ရှိသည်	mi: ja. da: bjin. jau' shi. de
prendre le train	မီးရထားစီးသည်	mi: ja. da: zi: de
descendre du train	မီးရထားမှဆင်းသည်	mi: ja. da: hma. zin: de

accident (m) ferroviaire	ရထားတိုက်ခြင်း	jatha: dai' chin:
dérailler (vi)	ရထားလမ်းချော်သည်	jatha: lan: gjo de

locomotive (f) à vapeur	ရေနွေးငွေ့စက်ခေါင်း	jei nwei: ngwei. ze' khaun:
chauffeur (m)	မီးထိုးသမား	mi: dou: dhama:
chauffe (f)	မီးဖို	mi: bou
charbon (m)	ကျောက်မီးသွေး	kjau' mi dhwei:

26. Le bateau

bateau (m)	သင်္ဘော	thin: bo:
navire (m)	ရေယာဉ်	jei jan
bateau (m) à vapeur	မီးသင်္ဘော	mi: dha. bo:
paquebot (m)	အပျော်စီးမော်တော်ဘုတ်ငယ်	apjo zi: mo do bou' nge
bateau (m) de croisière	ပင်လယ်အပျော်စီးသင်္ဘော	pin le apjo zi: dhin: bo:
croiseur (m)	လေယာဉ်တင်သင်္ဘော	lei jan din
yacht (m)	အပျော်စီးရှက်လှေ	apjo zi: jwe' hlei
remorqueur (m)	ဆွဲသင်္ဘော	hswe: thin: bo:
péniche (f)	ဖောင်	hpaun
ferry (m)	ကူးတို့သင်္ဘော	gadou. thin: bo:
voilier (m)	ရွက်သင်္ဘော	jwe' thin: bo:
brigantin (m)	ရွက်လှေ	jwe' hlei
brise-glace (m)	ရေခဲပြင်ခွဲသင်္ဘော	jei ge: bjin gwe: dhin: bo:
sous-marin (m)	ရေငုပ်သင်္ဘော	jei ngou' thin: bo:
canot (m) à rames	လှေ	hlei
dinghy (m)	ရော်ဘာလှေ	jo ba hlei
canot (m) de sauvetage	အသက်ကယ်လှေ	athe' kai hlei
canot (m) à moteur	မော်တော်ဘုတ်	mo to bou'
capitaine (m)	ရေယာဉ်မှူး	jei jan hmu:
matelot (m)	သင်္ဘောသား	thin: bo: dha:
marin (m)	သင်္ဘောသား	thin: bo: dha:
équipage (m)	သင်္ဘောအမှုထမ်းအဖွဲ့	thin: bo: ahmu. htan: ahpwe.
maître (m) d'équipage	ရေတပ်အရာရှိငယ်	jei da' aja shi. nge
mousse (m)	သင်္ဘောသားကလေး	thin: bo: dha: galei:
cuisinier (m) du bord	ထမင်းချက်	htamin: gje'
médecin (m) de bord	သင်္ဘောဆရာဝန်	thin: bo: zaja wun
pont (m)	သင်္ဘောကုန်းပတ်	thin: bo: koun: ba'
mât (m)	ရွက်တိုင်	jwe' tai'
voile (f)	ရွက်	jwe'
cale (f)	ဝမ်းတွင်း	wan: twin:
proue (f)	ဦးပိုင်း	u: zun:
poupe (f)	ပဲ့ပိုင်း	pe. bain:
rame (f)	လှော်တက်	hlo de'
hélice (f)	သင်္ဘောပန်ကာ	thin: bo: ban ga
cabine (f)	သင်္ဘောပေါ်မှအခန်း	thin: bo: bo hma. aksan:
carré (m) des officiers	အရာရှိများရိပ်သာ	aja shi. mja: jin dha
salle (f) des machines	စက်ခန်း	se' khan:
passerelle (f)	ကွပ်ကဲခန်း	ku' ke: khan:
cabine (f) de T.S.F.	ရေဒီယိုခန်း	rei di jou gan:
onde (f)	လှိုင်း	hlain:
journal (m) de bord	မှတ်တမ်းစာအုပ်	hma' tan: za ou'
longue-vue (f)	အဝေးကြည့်မှန်ပြောင်း	awei: gji. hman bjaun:
cloche (f)	ခေါင်းလောင်း	gaun: laun:

pavillon (m)	အလံ	alan
grosse corde (f) tressée	သင်္ဘောသုံးလွန်ကြီး	thin: bo: dhaun: lun gjou:
nœud (m) marin	ကြိုးထုံး	kjou: htoun:
rampe (f)	လက်ရန်း	le' jan
passerelle (f)	သင်္ဘောကုန်းပေါ်င်	thin: bo: koun: baun
ancre (f)	ကျောက်ဆူး	kjau' hsu:
lever l'ancre	ကျောက်ဆူးနုတ်သည်	kjau' hsu: nou' te
jeter l'ancre	ကျောက်ချသည်	kjau' cha. de
chaîne (f) d'ancrage	ကျောက်ဆူးကြိုး	kjau' hsu: kjou:
port (m)	ဆိပ်ကမ်း	hsi' kan:
embarcadère (m)	သင်္ဘောဆိပ်	thin: bo: zei'
accoster (vi)	ဆိုက်ကပ်သည်	hseu' ka' de
larguer les amarres	စွန့်ပစ်သည်	sun. bi' de
voyage (m) (à l'étranger)	ခရီးထွက်ခြင်း	khaji: htwe' chin:
croisière (f)	အပျော်ခရီး	apjo gaji:
cap (m) (suivre un ~)	ဦးတည်ရာ	u: ti ja
itinéraire (m)	လမ်းကြောင်း	lan: gjaun:
chenal (m)	သင်္ဘောရေကြောင်း	thin: bo: jei gjaun:
bas-fond (m)	ရေတိမ်ပိုင်း	jei dein bain:
échouer sur un bas-fond	ကမ်းကပ်သည်	kan ka' te
tempête (f)	မုန်တိုင်း	moun dain:
signal (m)	အချက်ပြ	ache' pja.
sombrer (vi)	နစ်မြုပ်သည်	ni' mjou' te
Un homme à la mer!	လူရေထဲကျ	lu jei de: gja
SOS (m)	အက်စ်အိုအက်စ်	e's o e's
bouée (f) de sauvetage	အသက်ကယ်ဘော	athe' kai bo

LA VILLE

autobus (m)	ဘတ်စ်ကား	ba's ka:
tramway (m)	ဓာတ်ရထား	da' ja hta:
trolleybus (m)	ဓာတ်ကား	da' ka:
itinéraire (m)	လမ်းကြောင်း	lan: gjaun:
numéro (m)	ကားနံပါတ်	ka: nan ba'
prendre ...	ယဉ်စီးသည်	jin zi: de
monter (dans l'autobus)	ထိုင်သည်	htain de
descendre de ...	ကားပေါ်မှဆင်းသည်	ka: bo hma. zin: de
arrêt (m)	မှတ်တိုင်	hma' tain
arrêt (m) prochain	နောက်မှတ်တိုင်	nau' hma' tain
terminus (m)	အဆုံးမှတ်တိုင်	ahsoun: hma' tain
horaire (m)	အချိန်ဇယား	achein zaja:
attendre (vt)	စောင့်သည်	saun. de
ticket (m)	လက်မှတ်	le' hma'
prix (m) du ticket	ယဉ်စီးခ	jin zi: ga.
caissier (m)	ငွေကိုင်	ngwei gain
contrôle (m) des tickets	လက်မှတ်စစ်ဆေးခြင်း	le' hma' ti' hsei: chin
contrôleur (m)	လက်မှတ်စစ်ဆေးသူ	le' hma' ti' hsei: dhu:
être en retard	နောက်ကျသည်	nau' kja. de
rater (~ le train)	ကားနောက်ကျသည်	ka: nau' kja de
se dépêcher	အမြန်လုပ်သည်	aman lou' de
taxi (m)	တက္ကစီ	te' kasi
chauffeur (m) de taxi	တက္ကစီမောင်းသူ	te' kasi maun: dhu
en taxi	တက္ကစီဖြင့်	te' kasi hpjin.
arrêt (m) de taxi	တက္ကစီစုရပ်	te' kasi zu. ja'
appeler un taxi	တက္ကစီခေါ်သည်	te' kasi go de
prendre un taxi	တက္ကစီငှားသည်	te' kasi hnga: de
trafic (m)	ယဉ်အသွားအလာ	jin athwa: ala
embouteillage (m)	ယဉ်ကြောပိတ်ဆို့မှု	jin gjo: bei' hsou. hmu.
heures (f pl) de pointe	အလုပ်ဆင်းချိန်	alou' hsin: gjain
se garer (vp)	ယဉ်ရပ်နားရန်နေရာယူသည်	jin ja' na: jan nei ja ju de
garer (vt)	ကားအားပါကင်ထိုးသည်	ka: a: pa kin dou: de
parking (m)	ပါကင်	pa gin
métro (m)	မြေအောက်ဥမင်လမ်း	mjei au' u. min lan:
station (f)	ဘူတာရုံ	bu da joun
prendre le métro	မြေအောက်ရထားဖြင့်သွားသည်	mjei au' ja. da: bjin. dhwa: de
train (m)	ရထား	jatha:
gare (f)	ရထားဘူတာရုံ	jatha: buda joun

36

28. La ville. La vie urbaine

ville (f)	မြို့	mjou.
capitale (f)	မြို့တော်	mjou. do
village (m)	ရွာ	jwa
plan (m) de la ville	မြို့လမ်းညွှန်မြေပုံ	mjou. lan hnjun mjei boun
centre-ville (m)	မြို့လယ်ခေါင်	mjou. le gaun
banlieue (f)	ဆင်ခြေဖုံးအရပ်	hsin gjei aja'
de banlieue (adj)	ဆင်ခြေဖုံးအရပ်ဖြစ်သော	hsin gjei hpoun aja' hpa' te.
périphérie (f)	မြို့စွန်	mjou. zun
alentours (m pl)	ပတ်ဝန်းကျင်	pa' wun: gjin:
quartier (m)	စည်ကားရာမြို့လယ်နေရာ	si: ga: ja mjou. le nei ja
quartier (m) résidentiel	လူနေရပ်ကွက်	lu nei ja' kwe'
trafic (m)	ယာဉ်အသွားအလာ	jin athwa: ala
feux (m pl) de circulation	မီးပွိုင့်	mi: bwain.
transport (m) urbain	ပြည်သူပိုင်ခရီးသွား	pji dhu bain gaji: dhwa:
	ပို့ဆောင်ရေး	bou. zaun jei:
carrefour (m)	လမ်းဆုံ	lan: zoun
passage (m) piéton	လူကူးမျဉ်းကြား	lu gu: mji: gja:
passage (m) souterrain	မြေအောက်လမ်းကူး	mjei au' lan: gu:
traverser (vt)	လမ်းကူးသည်	lan: gu: de
piéton (m)	လမ်းသွားလမ်းလာ	lan: dhwa: lan: la
trottoir (m)	လူသွားလမ်း	lu dhwa: lan:
pont (m)	တံတား	dada:
quai (m)	ကမ်းနားတာမံ	kan: na: da. man
fontaine (f)	ရေပန်း	jei ban:
allée (f)	ရိပ်သာလမ်း	jei' tha lan:
parc (m)	ပန်းခြံ	pan: gjan
boulevard (m)	လမ်းငယ်	lan: ge
place (f)	ရင်ပြင်	jin bjin
avenue (f)	လမ်းမကြီး	lan: mi. gji:
rue (f)	လမ်း	lan:
ruelle (f)	လမ်းသွယ်	lan: dhwe
impasse (f)	လမ်းဆုံး	lan: zoun:
maison (f)	အိမ်	ein
édifice (m)	အဆောက်အဦ	ahsau' au
gratte-ciel (m)	မိုးမျှော်တိုက်	mou: hmjo tou'
façade (f)	အိမ်ရှေ့နံရံ	ein shei. nan jan
toit (m)	အမိုး	amou:
fenêtre (f)	ပြတင်းပေါက်	badin: pau'
arc (m)	မုခ်ဝ	mou' wa.
colonne (f)	တိုင်	tain
coin (m)	ထောင့်	htaun.
vitrine (f)	ဆိုင်ရှေ့ပစ္စည်း	hseun shei. bji' si:
	အခင်းအကျင်း	akhin: akjin:
enseigne (f)	ဆိုင်းဘုတ်	hsain: bou'

affiche (f)	ပို့စတာ	pou sata
affiche (f) publicitaire	ကြော်ငြာပို့စတာ	kjo nja bou sata
panneau-réclame (m)	ကြော်ငြာဆိုင်းဘုတ်	kjo nja zain: bou'

ordures (f pl)	အမှိုက်	ahmai'
poubelle (f)	အမှိုက်ပုံး	ahmai' poun:
jeter à terre	လွှင့်ပစ်သည်	hlwin. bi' te
décharge (f)	အမှိုက်ပုံ	ahmai' poun

cabine (f) téléphonique	တယ်လီဖုန်းဆက်ရန်နေရာ	te li hpoun: ze' jan nei ja
réverbère (m)	လမ်းမီး	lan: mi:
banc (m)	နုံတန်းရှည်	khoun dan: shei

policier (m)	ရဲ	je:
police (f)	ရဲ	je:
clochard (m)	သူတောင်းစား	thu daun: za:
sans-abri (m)	အိမ်ယာမဲ့	ein ja me.

29. Les institutions urbaines

magasin (m)	ဆိုင်	hsain
pharmacie (f)	ဆေးဆိုင်	hsei: zain
opticien (m)	မျက်မှန်ဆိုင်	mje' hman zain
centre (m) commercial	ဈေးဝင်စင်တာ	zei: wun zin da
supermarché (m)	ကုန်တိုက်ကြီး	koun dou' kji:

boulangerie (f)	မုန့်တိုက်	moun. dai'
boulanger (m)	ပေါင်မုန့်ဖုတ်သူ	paun moun. bou' dhu
pâtisserie (f)	မုန့်ဆိုင်	moun. zain
épicerie (f)	ကုန်စုံဆိုင်	koun zoun zain
boucherie (f)	အသားဆိုင်	atha: ain

| magasin (m) de légumes | ဟင်းသီးဟင်းရွက်ဆိုင် | hin: dhi: hin: jwe' hsain |
| marché (m) | ဈေး | zei: |

salon (m) de café	ကော်ဖီဆိုင်	ko hpi zain
restaurant (m)	စားသောက်ဆိုင်	sa: thau' hsain
brasserie (f)	ဘီယာဆိုင်	bi ja zain:
pizzeria (f)	ပီဇာမုန့်ဆိုင်	pi za moun. zain

salon (m) de coiffure	ဆံပင်ညှပ်ဆိုင်	zain hnja' hsain
poste (f)	စာတိုက်	sa dai'
pressing (m)	အဝတ်အခြောက်လျှော်လုပ်ငန်း	awu' achou' hlo: lou' ngan:
atelier (m) de photo	ဓာတ်ပုံရိုက်ခန်း	da' poun jai' khan:

magasin (m) de chaussures	ဖိနပ်ဆိုင်	hpana' sain
librairie (f)	စာအုပ်ဆိုင်	sa ou' hsain
magasin (m) d'articles de sport	အားကစားပစ္စည်းဆိုင်	a: gaza: pji' si: zain

atelier (m) de retouche	စက်ပြင်ဆိုင်	se' pjin zain
location (f) de vêtements	ဝတ်စုံအငှားဆိုင်	wa' zoun ahnga: zain
location (f) de films	အခွေငှားဆိုင်	akhwei hnga: zain:
cirque (m)	ဆပ်ကပ်	hsa' ka'
zoo (m)	တိရစ္ဆာန်ဥယျာဉ်	tharei' hsan u. jin

cinéma (m)	ရုပ်ရှင်ရုံ	jou' shin joun
musée (m)	ပြတိုက်	pja. dai'
bibliothèque (f)	စာကြည့်တိုက်	sa gji. dai'
théâtre (m)	ကဇာတ်ရုံ	ka. za' joun
opéra (m)	အော်ပရာဇာတ်ရုံ	o pa ra za' joun
boîte (f) de nuit	နိက်ကလပ်	nai' ka. la'
casino (m)	လောင်းကစားရုံ	laun: gaza: joun
mosquée (f)	ဗလီ	bali
synagogue (f)	ရှုဟာဒီဘုရား ရှိုးကျောင်း	ja. hu di bu. ja: shi. gou: gjaun
cathédrale (f)	ဘုရားရှိခိုးကျောင်းတော်	hpaja: gjaun: do:
temple (m)	ဘုရားဇကျောင်း	hpaja: gjaun:
église (f)	ဘုရားကျောင်း	hpaja: gjaun:
institut (m)	တက္ကသိုလ်	te' kathou
université (f)	တက္ကသိုလ်	te' kathou
école (f)	စာသင်ကျောင်း	sa dhin gjaun:
préfecture (f)	စီရင်စုနယ်	si jin zu. ne
mairie (f)	မြို့တော်ခန်းမ	mjou. do gan: ma.
hôtel (m)	ဟိုတယ်	hou te
banque (f)	ဘက်	ban
ambassade (f)	သံရုံး	than joun:
agence (f) de voyages	ခရီးသွားလုပ်ငန်း	khaji: thwa: lou' ngan:
bureau (m) d'information	သတင်းအချက်အလက်ဌာန	dhadin: akje' ale' hta. na.
bureau (m) de change	ငွေလဲရန်နေရာ	ngwei le: jan nei ja
métro (m)	မြေအောက်ဉမင်လမ်း	mjei au' u. min lan:
hôpital (m)	ဆေးရုံ	hsei: joun
station-service (f)	ဆီဆိုင်	hsi: zain
parking (m)	ကားပါကင်	ka: pa kin

30. Les enseignes. Les panneaux

enseigne (f)	ဆိုင်းဘုတ်	hsain: bou'
pancarte (f)	သတိပေးစာ	dhadi. pei: za
poster (m)	ပိုစတာ	pou sata
indicateur (m) de direction	လမ်းညွန်	lan: hnjun
flèche (f)	လမ်းညွန်မြား	lan: hnjun hmja:
avertissement (m)	သတိပေးခြင်း	dhadi. pei: gjin:
panneau d'avertissement	သတိပေးချက်	dhadi. pei: gje'
avertir (vt)	သတိပေးသည်	dhadi. pei: de
jour (m) de repos	ရုံးပိတ်ရက်	joun: bei' je'
horaire (m)	အချိန်ဇယား	achein zaja:
heures (f pl) d'ouverture	ဖွင့်ချိန်	hpwin. gjin
BIENVENUE!	ကြိုဆိုပါသည်	kjou hsou ba de
ENTRÉE	ဝင်ပေါက်	win bau'

SORTIE	ထွက်ပေါက်	htwe' pau'
POUSSER	တွန်းသည်	tun: de
TIRER	ဆွဲသည်	hswe: de
OUVERT	ဖွင့်သည်	hpwin. de
FERMÉ	ပိတ်သည်	pei' te
FEMMES	အမျိုးသမီးသုံး	amjou: dhami: dhoun:
HOMMES	အမျိုးသားသုံး	amjou: dha: dhoun:
RABAIS	လျှော့ဈေး	sho. zei:
SOLDES	လျှော့ဈေး	sho. zei:
NOUVEAU!	အသစ်	athi'
GRATUIT	အခမဲ့	akha me.
ATTENTION!	သတိ	thadi.
COMPLET	အလွတ်မရှိ	alu' ma shi.
RÉSERVÉ	ကြိုတင်မှာယူထားပြီး	kjou tin hma ju da: bji:
ADMINISTRATION	စီမံအုပ်ချုပ်ခြင်း	si man ou' chou' chin:
RÉSERVÉ AU PERSONNEL	အမှုထမ်းအတွက်အသာ	ahmu. htan: atwe' atha
ATTENTION CHIEN MÉCHANT	ခွေးကိုက်တတ်သည်	khwei: kai' ta' te
DÉFENSE DE FUMER	ဆေးလိပ်မသောက်ရ	hsei: lei' ma. dhau' ja.
PRIÈRE DE NE PAS TOUCHER	မထိရ	ma. di. ja.
DANGEREUX	အန္တရာယ်ရှိသည်	an dare shi. de.
DANGER	အန္တရာယ်	an dare
HAUTE TENSION	ဗို့အားပြင်း	bou. a: bjin:
BAIGNADE INTERDITE	ရေမကူးရ	jei ma. gu: ja.
HORS SERVICE	ပျက်နေသည်	pje' nei de
INFLAMMABLE	မီးလောင်တတ်သည်	mi: laun da' te
INTERDIT	တားမြစ်သည်	ta: mji' te
PASSAGE INTERDIT	မကျူးကျော်ရ	ma. gju: gjo ja
PEINTURE FRAÎCHE	ဆေးမခြောက်သေး	hsei: ma. gjau' dhei:

31. Le shopping

acheter (vt)	ဝယ်သည်	we de
achat (m)	ဝယ်စရာ	we zaja
faire des achats	ဈေးဝယ်ထွက်ခြင်း	zei: we htwe' chin:
shopping (m)	ရှော့ပင်း	sho. bin:
être ouvert	ဆိုင်ဖွင့်သည်	hsain bwin. de
être fermé	ဆိုင်ပိတ်သည်	hseun bi' te
chaussures (f pl)	ဖိနပ်	hpana'
vêtement (m)	အဝတ်အစား	awu' aza:
produits (m pl) de beauté	အလှကုန်ပစ္စည်း	ahla. koun pji' si:
produits (m pl) alimentaires	စားသောက်ကုန်	sa: thau' koun
cadeau (m)	လက်ဆောင်	le' hsaun
vendeur (m)	ရောင်းသူ	jaun: dhu

vendeuse (f)	ရောင်းသူ	jaun: dhu
caisse (f)	ငွေရှင်းရန်နေရာ	ngwei shin: jan nei ja
miroir (m)	မှန်	hman
comptoir (m)	ကောင်တာ	kaun da
cabine (f) d'essayage	အဝတ်လဲခန်း	awu' le: gan:
essayer (robe, etc.)	တိုင်းကြည့်သည်	tain: dhi. de
aller bien (robe, etc.)	သင့်တော်သည်	thin. do de
plaire (être apprécié)	ကြိုက်သည်	kjai' de
prix (m)	ဈေးနှန်း	zei: hnan:
étiquette (f) de prix	ဈေးနှန်းကတ်ပြား	zei: hnan: ka' pja:
coûter (vt)	ကုန်ကျသည်	koun mja. de
Combien?	ဘယ်လောက်လဲ	be lau' le:
rabais (m)	လျှော့ဈေး	sho. zei:
pas cher (adj)	ဈေးမကြီးသော	zei: ma. kji: de.
bon marché (adj)	ဈေးပေါသော	zei: po: de.
cher (adj)	ဈေးကြီးသော	zei: kji: de.
C'est cher	ဒါဈေးကြီးတယ်	da zei: gji: de
location (f)	ငှားရမ်းခြင်း	hna: jan: chin:
louer (une voiture, etc.)	ငှားရမ်းသည်	hna: jan: de
crédit (m)	အကြွေးစနစ်	akjwei: sani'
à crédit (adv)	အကြွေးစနစ်ဖြင့်	akjwei: sa ni' hpjin.

LES VÊTEMENTS & LES ACCESSOIRES

32. Les vêtements d'extérieur

vêtement (m)	အဝတ်အစား	awu' aza:
survêtement (m)	အပေါ်ဝတ်အကျႂ	apo we' in: gji
vêtement (m) d'hiver	ဆောင်းတွင်းဝတ်အဝတ်အစား	hsaun: dwin: wu' awu' asa:
manteau (m)	ကုတ်အကျႂ႟ရှည်	kou' akji shi
manteau (m) de fourrure	သားမွေးအနွေးထည်	tha: mwei: anwei: de
veste (f) de fourrure	အမွေးပွအပေါ် အကျႂ	ahmwei pwa po akji.
manteau (m) de duvet	ငှက်မွေးကုတ်အကျႂ	hnge' hmwei: kou' akji.
veste (f) (~ en cuir)	အပေါ် အကျႂ	apo akji.
imperméable (m)	မိုးကာအကျႂ	mou: ga akji
imperméable (adj)	ရေလုံသော	jei loun de.

33. Les vêtements

chemise (f)	ရှပ်အကျႂ	sha' in gji
pantalon (m)	ဘောင်းဘီ	baun: bi
jean (m)	ဂျင်းဘောင်းဘီ	gjin: bain: bi
veston (m)	အပေါ် အကျႂ	apo akji.
complet (m)	အနောက်တုံင်းဝတ်စုံ	anau' tain: wu' saun
robe (f)	ဂါဝန်	ga wun
jupe (f)	စကတ်	saka'
chemisette (f)	ဘလောက်စ်အကျႂ	ba. lau' s in: gji
veste (f) en laine	ကြယ်သီးပါသော အနွေးထည်	kje dhi: ba de. anwei: dhe
jaquette (f), blazer (m)	အပေါ်ဖုံးအကျႂ	apo hpoun akji.
tee-shirt (m)	တီရှပ်	ti shi'
short (m)	ဘောင်းဘီတို	baun: bi dou
costume (m) de sport	အားကစားဝတ်စုံ	a: gaza: wu' soun
peignoir (m) de bain	ရေချိုးခန်းဝတ်စုံ	jei gjou: gan: wu' soun
pyjama (m)	ညအိပ်ဝတ်စုံ	nja a' wu' soun
chandail (m)	ဆွယ်တာ	hswe da
pull-over (m)	ဆွယ်တာ	hswe da
gilet (m)	ဝစ်ကုတ်	wi' kou'
queue-de-pie (f)	တေးလ်ကုတ်အကျႂ	tei: l kou' in: gji
smoking (m)	ညစာစားပွဲဝတ်စုံ	nja. za za: bwe wu' soun
uniforme (m)	တူညီဝတ်စုံ	tu nji wa' soun
tenue (f) de travail	အလုပ်ဝင် ဝတ်စုံ	alou' win wu' zoun
salopette (f)	စက်ရုံဝတ်စုံ	se' joun wu' soun
blouse (f) (d'un médecin)	ဂျူတ်ကုတ်	gju di gou'

34. Les sous-vêtements

sous-vêtements (m pl)	အတွင်းခံ	atwin: gan
boxer (m)	ယောက်ျားဝတ်အတွင်းခံ	jau' kja: wu' atwin: gan
slip (m) de femme	မိန်းကလေးဝတ်အတွင်းခံ	mein: galei: wa' atwin: gan
maillot (m) de corps	စွပ်ကျယ်	su' kje
chaussettes (f pl)	ခြေအိတ်များ	chei ei' mja:

chemise (f) de nuit	ညအိပ်ဝါဝန်ရှည်	nja a' ga wun she
soutien-gorge (m)	ဘရာစီယာ	ba ra si ja
chaussettes (f pl) hautes	ခြေအိတ်ရှည်	chei ei' shi
collants (m pl)	အသားကပ်-ဘောင်းဘီရှည်	atha: ka' baun: bi shei
bas (m pl)	စတော့ကင်	sato. kin
maillot (m) de bain	ရေကူးဝတ်စုံ	jei ku: wa' zoun

35. Les chapeaux

chapeau (m)	ဦးထုပ်	u: htou'
chapeau (m) feutre	ဦးထုပ်ပျော့	u: htou' pjo.
casquette (f) de base-ball	ရှာဒိုးဦးထုပ်	sha dou: u: dou'
casquette (f)	လူကြီးဆောင်းဦးထုပ်ပြား	lu gji: zaun: u: dou' pja:

béret (m)	ဘယ်ရီဦးထုပ်	be ji u: htu'
capuche (f)	အကျီတွင်ပါသော ခေါင်းစွပ်	akji. twin pa dho: gaun: zu'
panama (m)	ဦးထုပ်အဝိုင်း	u: htou' awain:
bonnet (m) de laine	သိုးမွေးခေါင်းစွပ်	thou: mwei gaun: zu'

foulard (m)	ခေါင်းစည်းပုဝါ	gaun: zi: bu. wa
chapeau (m) de femme	အမျိုးသမီးဆောင်းဦးထုပ်	amjou: dhami: zaun: u: htou'

casque (m) (d'ouvriers)	ဦးထုပ်အမာ	u: htou' ama
calot (m)	တပ်မတော်သုံးဦးထုပ်	ta' mado dhoun: u: dou'
casque (m) (~ de moto)	အမာစားဦးထုပ်	ama za: u: htou'

melon (m)	ဦးထုပ်လုံး	u: htou' loun:
haut-de-forme (m)	ဦးထုပ်မြင့်	u: htou' mjin.

36. Les chaussures

chaussures (f pl)	ဖိနပ်	hpana'
bottines (f pl)	ရှူးဖိနပ်	shu: hpi. na'
souliers (m pl) (~ plats)	မိန်းကလေးဇီးရှူးဖိနပ်	mein: galei: zi: shu: bi. na'
bottes (f pl)	လည်ရှည်ဖိနပ်	le she bi. na'
chaussons (m pl)	အိမ်တွင်းစီးကွင်းထိုးဖိနပ်	ein dwin:

tennis (m pl)	အားကစားဖိနပ်	a: gaza: bana'
baskets (f pl)	ပတ္တူဖိနပ်	pa' tu bi. na'
sandales (f pl)	ကြိုးသိုင်းဖိနပ်	kjou: dhain: bi. na'

cordonnier (m)	ဖိနပ်ချုပ်သမား	hpana' chou' tha ma:
talon (m)	ဒေါက်	dau'

paire (f)	အစုံ	asoun.
lacet (m)	ဖိနပ်ကြိုး	hpana' kjou:
lacer (vt)	ဖိနပ်ကြိုးချည်သည်	hpana' kjou: gjin de
chausse-pied (m)	ဖိနပ်စီးရာသွင်သုံးသည့်ဖိနပ်ကော်	hpana' si: ja dhwin dhoun: dhin. hpana' ko
cirage (m)	ဖိနပ်တိုက်ဆေး	hpana' tou' hsei:

37. Les accessoires personnels

gants (m pl)	လက်အိတ်	lei' ei'
moufles (f pl)	နှစ်ကန့်လက်အိတ်	hni' kan. le' ei'
écharpe (f)	မာဘလာ	ma ba. la

lunettes (f pl)	မျက်မှန်	mje' hman
monture (f)	မျက်မှန်ကိုင်း	mje' hman gain:
parapluie (m)	ထီး	hti:
canne (f)	တုတ်ကောက်	tou' kau'
brosse (f) à cheveux	ခေါင်းဘီး	gaun: bi:
éventail (m)	ပန်ကန်	pan gan

cravate (f)	လည်စည်း	le zi:
nœud papillon (m)	ဖဲပြားပုံလည်စည်း	hpe: bja: boun le zi:
bretelles (f pl)	ဘောင်းဘီသိုင်းကြိုး	baun: bi dhain: gjou:
mouchoir (m)	လက်ကိုင်ပုဝါ	le' kain bu. wa

peigne (m)	ဘီး	bi:
barrette (f)	ဆံညှပ်	hsan hnja'
épingle (f) à cheveux	ကလစ်	kali'
boucle (f)	ခါးပတ်ခေါင်း	kha: ba' khaun:

| ceinture (f) | ခါးပတ် | kha: ba' |
| bandoulière (f) | ပုံးသိုင်းကြိုး | pu. goun: dhain: gjou: |

sac (m)	လက်ကိုင်အိတ်	le' kain ei'
sac (m) à main	မိန်းကလေးပုံးလွယ်အိတ်	mein: galei: bou goun: lwe ei'
sac (m) à dos	ကျောပိုးအိတ်	kjo: bou: ei'

38. Les vêtements. Divers

mode (f)	ဖက်ရှင်	hpe' shin
à la mode (adj)	ခေတ်မီသော	khi' mi de.
couturier, créateur de mode	ဖက်ရှင်ဒီဇိုင်နာ	hpe' shin di zain na

col (m)	အကျီကော်လာ	akji. ko la
poche (f)	အိတ်ကပ်	ei' ka'
de poche (adj)	အိတ်ဆောင်	ei' hsaun
manche (f)	အကျီလက်	akji. le'
bride (f)	အကျီချိတ်ကွင်း	akji. gjei' kwin:
braguette (f)	ဘောင်းဘီလျှာဆက်	baun: bi ja ze'

| fermeture (f) à glissière | ဇစ် | zi' |
| agrafe (f) | ချိတ်စရာ | che' zaja |

bouton (m)	ကြယ်သီး	kje dhi:
boutonnière (f)	ကြယ်သီးပေါက်	kje dhi: bau'
s'arracher (bouton)	ပြုတ်ထွက်သည်	pjou' htwe' te
coudre (vi, vt)	စက်ချုပ်သည်	se' khjou' te
broder (vt)	ပန်းထိုးသည်	pan: dou: de
broderie (f)	ပန်းထိုးခြင်း	pan: dou: gjin:
aiguille (f)	အပ်	a'
fil (m)	အပ်ချည်	a' chi
couture (f)	ချုပ်ရိုး	chou' jou:
se salir (vp)	ညစ်ပေသွားသည်	nji' pei dhwa: de
tache (f)	အစွန်းအထင်း	aswan: ahtin:
se froisser (vp)	တွန့်ကြေစေသည်	tun. gjei zei de
déchirer (vt)	ပေါက်ပြဲသွားသည်	pau' pje: dhwa: de
mite (f)	အဝတ်ပိုးဖလံ	awu' pou: hpa. lan

39. L'hygiène corporelle. Les cosmétiques

dentifrice (m)	သွားတိုက်ဆေး	thwa: tai' hsei:
brosse (f) à dents	သွားတိုက်တံ	thwa: tai' tan
se brosser les dents	သွားတိုက်သည်	thwa: tai' te
rasoir (m)	သင်တုန်းဓား	thin toun: da:
crème (f) à raser	မုတ်ဆိတ်ရိတ် ဆပ်ပြာ	mou' zei' jei' hsa' pja
se raser (vp)	ရိတ်သည်	jei' te
savon (m)	ဆပ်ပြာ	hsa' pja
shampooing (m)	ခေါင်းလျှော်ရည်	gaun: sho je
ciseaux (m pl)	ကတ်ကြေး	ka' kjei:
lime (f) à ongles	လက်သည်းတိုက်တံစင်း	le' the:
pinces (f pl) à ongles	လက်သည်းညှပ်	le' the: hnja'
pince (f) à épiler	ဇာဂနာ	za ga. na
produits (m pl) de beauté	အလှကုန်ပစ္စည်း	ahla. koun pji' si:
masque (m) de beauté	မျက်နှာပေါင်းတင်ခြင်း	mje' hna baun: din gjin:
manucure (f)	လက်သည်းအလှပြင်ခြင်း	le' the: ahla bjin gjin
se faire les ongles	လက်သည်းအလှပြင်သည်	le' the: ahla bjin de
pédicurie (f)	ခြေသည်းအလှပြင်သည်	chei dhi: ahla. pjin de
trousse (f) de toilette	မိတ်ကပ်အိတ်	mi' ka' ei'
poudre (f)	ပေါင်ဒါ	paun da
poudrier (m)	ပေါင်ဒါဘူး	paun da bu:
fard (m) à joues	ပါးနီ	pa: ni
parfum (m)	ရေမွှေး	jei mwei:
eau (f) de toilette	ရေမွှေး	jei mwei:
lotion (f)	လိုးရှင်း	lou shin:
eau de Cologne (f)	အော်ဒိကလုန်းရေမွှေး	o di ka lun: jei mwei:
fard (m) à paupières	မျက်ခွံဆိုးဆေး	mje' khwan zou: zei:
crayon (m) à paupières	အိုင်းလိုင်နာဓာတ်တွင့်	ain: lain: na daun.
mascara (m)	မျက်တောင်ခြယ်ဆေး	mje' taun gje zei:

rouge (m) à lèvres	နှုတ်ခမ်းနီ	hna' khan: ni
vernis (m) à ongles	လက်သည်းဆိုးဆေး	le' the: azou: zei:
laque (f) pour les cheveux	ဆံပင်သုံး စပရေး	zabin dhoun za. ba. jei:
déodorant (m)	ချွေးနံ့ပျောက်ဆေး	chwei: nan. bjau' hsei:

crème (f)	ခရင်မ်	khajin m
crème (f) pour le visage	မျက်နှာခရင်မ်	mje' hna ga. jin m
crème (f) pour les mains	ဟန်ခရင်မ်	han kha. rin m
crème (f) anti-rides	အသားးခြောက်ကာကွယ်ဆေး	atha: gjau' ka gwe zei:
crème (f) de jour	နေ့လိမ်းခရင်မ်	nei. lein: ga jin'm
crème (f) de nuit	ညလိမ်းခရင်မ်	nja lein: khajinm
de jour (adj)	နေ့လယ်ဘက်သုံးသော	nei. le be' thoun: de.
de nuit (adj)	ညဘက်သုံးသော	nja. be' thoun: de.

tampon (m)	အတောင့်	ataun.
papier (m) de toilette	အိမ်သာသုံးစက္ကူ	ein dha dhoun: se' ku
sèche-cheveux (m)	ဆံပင်အခြောက်ခံစက်	zabin achou' hsan za'

40. Les montres. Les horloges

montre (f)	နာရီ	na ji
cadran (m)	နာရီဒိုက်ခွက်	na ji dai' hpwe'
aiguille (f)	နာရီလက်တံ	na ji le' tan
bracelet (m)	နာရီကြိုး	na ji gjou:
bracelet (m) (en cuir)	နာရီကြိုး	na ji gjou:

pile (f)	ဓာတ်ခဲ	da' khe:
être déchargé	အားကုန်သည်	a: kun de
changer de pile	ဘတ်ထရီလဲသည်	ba' hta ji le: de
avancer (vi)	မြန်သည်	mjan de
retarder (vi)	နောက်ကျသည်	nau' kja. de

pendule (f)	တိုင်ကပ်နာရီ	tain ka' na ji
sablier (m)	သဲနာရီ	the: naji
cadran (m) solaire	နေနာရီ	nei na ji
réveil (m)	နိုးစက်	hnou: ze'
horloger (m)	နာရီပြင်ဆရာ	ma ji bjin zaja
réparer (vt)	ပြင်သည်	pjin de

L'EXPÉRIENCE QUOTIDIENNE

41. L'argent

argent (m)	ပိုက်ဆံ	pai' hsan
échange (m)	လဲလှယ်ခြင်း	le: hle gjin:
cours (m) de change	ငွေလဲနှုန်း	ngwei le: hnan:
distributeur (m)	အလိုအလျောက်ငွေထုတ်စက်	alou aljau' ngwei htou' se'
monnaie (f)	အကြွေစေ့	akjwei zei.

dollar (m)	ဒေါ်လာ	do la
euro (m)	ယူရို	ju rou

lire (f)	အီတလီ လိုင်ရာငွေ	ita. li lain ja ngwei
mark (m) allemand	ဂျာမန်မတ်ငွေ	gja man ma' ngwei
franc (m)	ဖရန့်	hpa. jan.
livre sterling (f)	စတာလင်ပေါင်	sata lin baun
yen (m)	ယန်း	jan:

dette (f)	အကြွေး	akjwei:
débiteur (m)	မြီစား	mji za:
prêter (vt)	ရေးသည်	chei: de
emprunter (vt)	အကြွေးယူသည်	akjwei: ju de

banque (f)	ဘဏ်	ban
compte (m)	ငွေစာရင်း	ngwei za jin:
verser (dans le compte)	ထည့်သည်	hte de.
verser dans le compte	ငွေသွင်းသည်	ngwei dhwin: de
retirer du compte	ငွေထုတ်သည်	ngwei dou' te

carte (f) de crédit	အကြွေးဝယ်ကဒ်ပြား	akjwei: we ka' pja
espèces (f pl)	လက်ငင်း	le' ngin:
chèque (m)	ချက်	che'
faire un chèque	ချက်ရေးသည်	che' jei: de
chéquier (m)	ချက်စာအုပ်	che' sa ou'

portefeuille (m)	ပိုက်ဆံအိတ်	pai' hsan ei'
bourse (f)	ပိုက်ဆံအိတ်	pai' hsan ei'
coffre fort (m)	မီးခံသေတ္တာ	mi: gan dhi' ta

héritier (m)	အမွေစားအမွေခံ	amwei za: amwei gan
héritage (m)	အမွေဆက်ခံခြင်း	amwei ze' khan gjin:
fortune (f)	အခွင့်အလမ်း	akhwin. alan:

location (f)	အိမ်ငှား	ein hnga:
loyer (m) (argent)	အခန်းငှားခ	akhan: hnga: ga
louer (prendre en location)	ငှားသည်	hnga: de

prix (m)	ဈေးနှုန်း	zei: hnan:
coût (m)	ကုန်ကျစရိတ်	koun gja. za. ji'

somme (f)	ပေါင်းလဒ်	paun: la'
dépenser (vt)	သုံးစွဲသည်	thoun: zwe: de
dépenses (f pl)	စရိတ်စက	zaei' zaga.
économiser (vt)	ချွေတာသည်	chwei da de
économe (adj)	တွက်ခြေကိုက်သော	twe' chei kai' te.
payer (régler)	ပေးချေသည်	pei: gjei de
paiement (m)	ပေးချေသည့်ငွေ	pei: gjei de. ngwei
monnaie (f) (rendre la ~)	ပြန်အမ်းငွေ	pjan an: ngwe
impôt (m)	အခွန်	akhun
amende (f)	ဒဏ်ငွေ	dan ngwei
mettre une amende	ဒဏ်ရိုက်သည်	dan jai' de

42. La poste. Les services postaux

poste (f)	စာတိုက်	sa dai'
courrier (m) (lettres, etc.)	မေးလ်	mei: l
facteur (m)	စာပို့သမား	sa bou. dhama:
heures (f pl) d'ouverture	ဖွင့်ချိန်	hpwin. gjin
lettre (f)	စာ	sa
recommandé (m)	မှတ်ပုံတင်ပြီးသောစာ	hma' poun din bji: dho: za:
carte (f) postale	ပို့စကဒ်	pou. sa. ka'
télégramme (m)	ကြေးနန်း	kjei: nan:
colis (m)	ပါဆယ်	pa ze
mandat (m) postal	ငွေလွှဲခြင်း	ngwei hlwe: gjin:
recevoir (vt)	လက်ခံရရှိသည်	le' khan ja. shi. de
envoyer (vt)	ပို့သည်	pou. de
envoi (m)	ပို့ခြင်း	pou. gjin:
adresse (f)	လိပ်စာ	lei' sa
code (m) postal	စာပို့သင်္ကေတ	sa bou dhin kei ta.
expéditeur (m)	ပို့သူ	pou. dhu
destinataire (m)	လက်ခံသူ	le' khan dhu
prénom (m)	အမည်	amji
nom (m) de famille	မိသားစု မျိုးရိုးနာမည်	mi. dha: zu. mjou: jou: na mji
tarif (m)	စာပို့ နှုန်းထား	sa bou. kha. hnan: da:
normal (adj)	စံနှုန်းသတ်မှတ်ထားသော	san hnoun: dha' hma' hta: de.
économique (adj)	ကုန်ကျငွေသက်သာသော	koun gja ngwe dhe' dha de.
poids (m)	အလေးချိန်	alei: gjein
peser (~ les lettres)	ချိန်သည်	chein de
enveloppe (f)	စာအိတ်	sa ei'
timbre (m)	တံဆိပ်ခေါင်း	da zei' khaun:
timbrer (vt)	တံဆိပ်ခေါင်းကပ်သည်	da zei' khaun: ka' te

43. Les opérations bancaires

banque (f)	ဘက်	ban
agence (f) bancaire	ဘက်ခွဲ	ban gwe:

conseiller (m)	အတိုင်ပင်ခံပုဂ္ဂိုလ်	atain bin gan bou' gou
gérant (m)	မန်နေဂျာ	man nei gji
compte (m)	ဘဏ်ငွေစာရင်း	ban ngwei za jin
numéro (m) du compte	ဘဏ်စာရင်းနံပါတ်	ban zajin: nan. ba'
compte (m) courant	ဘဏ်စာရင်းရှင်	ban zajin: shin
compte (m) sur livret	ဘဏ်ငွေစုစာရင်း	ban ngwei zu. za jin
ouvrir un compte	ဘဏ်စာရင်းဖွင့်သည်	ban zajin: hpwin. de
clôturer le compte	ဘဏ်စာရင်းပိတ်သည်	ban zajin: bi' te
verser dans le compte	ငွေသွင်းသည်	ngwei dhwin: de
retirer du compte	ငွေထုတ်သည်	ngwei dou' te
dépôt (m)	အပ်ငွေ	a' ngwei
faire un dépôt	ငွေအပ်သည်	ngwei a' te
virement (m) bancaire	ကြေးနန်းဖြင့်ငွေလွှဲခြင်း	kjei: nan: bjin. ngwe hlwe: gjin
faire un transfert	ကြေးနန်းဖြင့်ငွေလွှဲသည်	kjei: nan: bjin. ngwe hlwe: de
somme (f)	ပေါင်းလဒ်	paun: la'
Combien?	ဘယ်လောက်လဲ	be lau' le:
signature (f)	လက်မှတ်	le' hma'
signer (vt)	လက်မှတ်ထိုးသည်	le' hma' htou: de
carte (f) de crédit	အကြွးဝယ်ကဒ်-ခရက်ဒစ်ကဒ်	achwei: we ka' - ka' je' da' ka'
code (m)	ကုဒ်နံပါတ်	kou' nan ba'
numéro (m) de carte de crédit	ခရက်ဒစ်ကဒ်နံပါတ်	kha. je' di' ka' nan ba'
distributeur (m)	အလိုအလျောက်ငွေထုတ်စက်	alou aljau' ngwei htou' se'
chèque (m)	ချက်လက်မှတ်	che' le' hma'
faire un chèque	ချက်ရေးသည်	che' jei: de
chéquier (m)	ချက်စာအုပ်	che' sa ou'
crédit (m)	ချေးငွေ	chei: ngwei
demander un crédit	ချေးငွေလျှောက်လွှာတင်သည်	chei: ngwei shau' hlwa din de
prendre un crédit	ချေးငွေရယူသည်	chei: ngwei ja. ju de
accorder un crédit	ချေးငွေထုတ်ပေးသည်	chei: ngwei htou' pei: de
gage (m)	အာမခံပစ္စည်း	a ma. gan bji' si:

44. Le téléphone. La conversation téléphonique

téléphone (m)	တယ်လီဖုန်း	te li hpoun:
portable (m)	မိုဘိုင်းဖုန်း	mou bain: hpoun:
répondeur (m)	ဖုန်းထူးစက်	hpoun: du: ze'
téléphoner, appeler	ဖုန်းဆက်သည်	hpoun: ze' te
appel (m)	အဝင်ဖုန်း	awin hpun:
composer le numéro	နံပါတ် နှိပ်သည်	nan ba' hnei' te
Allô!	ဟလို	ha. lou
demander (~ l'heure)	မေးသည်	mei: de
répondre (vi, vt)	ဖြေသည်	hpjei de
entendre (bruit, etc.)	ကြားသည်	ka: de

bien (adv)	ကောင်းကောင်း	kaun: gaun:
mal (adv)	အရမ်းမကောင်း	ajan: ma. gaun:
bruits (m pl)	ဖြတ်ဝင်သည့်ဆူညံသံ	hpja' win dhi. zu njan dhan

récepteur (m)	တယ်လီဖုန်းနားကြပ်ပိုင်း	te li hpoun: na: gja' pain:
décrocher (vt)	ဖုန်းကောက်ကိုင်သည်	hpoun: gau' gain de
raccrocher (vi)	ဖုန်းချသည်	hpoun: gja de

occupé (adj)	လိုင်းမအားသော	lain: ma. a: de.
sonner (vi)	မြည်သည်	mji de
carnet (m) de téléphone	တယ်လီဖုန်းလမ်းညွှန်စာအုပ်	te li hpoun: lan: hnjun za ou'

local (adj)	ပြည်တွင်းဒေသတွင်းဖြစ်သော	pji dwin: dei. dha dwin: bji' te.
appel (m) local	ပြည်တွင်းခေါ်ဆိုမှု	pji dwin: go zou hmu.
interurbain (adj)	အဝေးခေါ်ဆိုနိုင်သော	awei: go zou nain de.
appel (m) interurbain	အဝေးခေါ်ဆိုမှု	awei: go zou hmu.
international (adj)	အပြည်ပြည်ဆိုင်ရာဖြစ်သော	apji pji zain ja bja' de.
appel (m) international	အပြည်ပြည်ဆိုင်ရာခေါ်ဆိုမှု	apji pji zain ja go: zou hmu

45. Le téléphone portable

portable (m)	မိုဘိုင်းဖုန်း	mou bain: hpoun:
écran (m)	ပြသမျက်နှာ	pja. dha. gjin:
bouton (m)	ခလုတ်	khalou'
carte SIM (f)	ဆင်းကဒ်	hsin: ka'

pile (f)	ဘတ်ထရီ	ba' hta ji
être déchargé	ဖုန်းအားကုန်သည်	hpoun: a: goun: de
chargeur (m)	အားသွင်းကြိုး	a: dhwin: gjou:

menu (m)	အစားအသောက်စာရင်း	asa: athau' sa jin:
réglages (m pl)	ချိန်ညှိခြင်း	chein hnji. chin:
mélodie (f)	တီးလုံး	ti: loun:
sélectionner (vt)	ရွေးချယ်သည်	jwei: che de

calculatrice (f)	ဂဏန်းပေါင်းစက်	ganan: baun: za'
répondeur (m)	အသံမေးလ်	athan mei:l
réveil (m)	နိုးစက်	hnou: ze'
contacts (m pl)	ဖုန်းအဆက်အသွယ်များ	hpoun: ase' athwe mja:

| SMS (m) | မက်ဆေ့ဂ်ျ | me' zei. gja |
| abonné (m) | အသုံးပြုသူ | athoun: bju. dhu |

46. La papeterie

| stylo (m) à bille | ဘောပင် | bo pin |
| stylo (m) à plume | ဖောင်တိန် | hpaun din |

crayon (m)	ခဲတံ	khe: dan
marqueur (m)	အရောင်တောက်မင်တံ	ajaun dau' min dan
feutre (m)	ရေဆေးစုတ်တံ	jei zei: zou' tan
bloc-notes (m)	မှတ်စုစာအုပ်	hma' su. za ou'

agenda (m)	နေ့စဉ်မှတ်တမ်းစာအုပ်	nei. zin hma' tan: za ou'
règle (f)	ပေတံ	pei dan
calculatrice (f)	ဂဏန်းပေါင်းစက်	ganan: baun: za'
gomme (f)	ခဲဖျက်	khe: bje'
punaise (f)	ထိပ်ပြားကြီးသံချွန်	htei' pja: gji: dhan hmou
trombone (m)	တွယ်ချိတ်	twe gjei'

colle (f)	ကော်	ko
agrafeuse (f)	စတပ်ပလာ	sate' pa. la
perforateur (m)	အပေါက်ဖောက်စက်	apau' hpau' se'
taille-crayon (m)	ခဲရွှန်စက်	khe: chun ze'

47. Les langues étrangères

langue (f)	ဘာသာစကား	ba dha zaga:
étranger (adj)	နိုင်ငံခြားနှင့်ဆိုင်သော	nain ngan gja: hnin. zain de.
langue (f) étrangère	နိုင်ငံခြားဘာသာစကား	nain ngan gja: ba dha za ga:
étudier (vt)	သင်ယူလေ့လာသည်	thin ju lei. la de
apprendre (~ l'arabe)	သင်ယူသည်	thin ju de

lire (vi, vt)	ဖတ်သည်	hpa' te
parler (vi, vt)	ပြောသည်	pjo: de
comprendre (vt)	နားလည်သည်	na: le de
écrire (vt)	ရေးသည်	jei: de

vite (adv)	မြန်မြန်	mjan mjan
lentement (adv)	ဖြည်းဖြည်း	hpjei: bjei:
couramment (adv)	ကျွမ်းကျွမ်းကျင်ကျင်	kjwan: gjwan: gjin gjin

règles (f pl)	စည်းမျဉ်းစည်းကမ်း	si: mjin: si: kan:
grammaire (f)	သဒ္ဒါ	dhada
vocabulaire (m)	ဝေါဟာရ	wo: ha ra.
phonétique (f)	သဒ္ဒဗေဒ	dhada. bei da.

manuel (m)	ဖတ်စာအုပ်	hpa' sa au'
dictionnaire (m)	အဘိဓာန်	abi. dan
manuel (m) autodidacte	မိမိဘာသာလေ့လာနိုင်သောစာအုပ်	mi. mi. ba dha lei. la nain dho: za ou'
guide (m) de conversation	နှစ်ဘာသာစကားပြောစာအုပ်	hni' ba dha zaga: bjo: za ou'

cassette (f)	တိပ်ခွေ	tei' khwei
cassette (f) vidéo	ရုပ်ရှင်တိပ်ခွေ	jou' shin dei' hpwei
CD (m)	စီဒီခွေ	si di gwei
DVD (m)	ဒီဗီဒီခွေ	di bi di gwei

alphabet (m)	အက္ခရာ	e' kha ja
épeler (vt)	စာလုံးပေါင်းသည်	sa loun: baun: de
prononciation (f)	အသံထွက်	athan dwe'

accent (m)	ဝဲသံ	we: dhan
avec un accent	ဝဲသံနှင့်	we: dhan hnin.
sans accent	ဝဲသံမပါဘဲ	we: dhan ma. ba be:
mot (m)	စကားလုံး	zaga: loun:
sens (m)	အဓိပ္ပါယ်	adei' be

cours (m pl)	သင်တန်း	thin dan:
s'inscrire (vp)	စာရင်းသွင်းသည်	sajin: dhwin: de
professeur (m) (~ d'anglais)	ဆရာ	hsa ja

traduction (f) (action)	ဘာသာပြန်ခြင်း	ba dha bjan gjin:
traduction (f) (texte)	ဘာသာပြန်ထားချက်	ba dha bjan da: gje'
traducteur (m)	ဘာသာပြန်	ba dha bjan
interprète (m)	စကားပြန်	zaga: bjan

polyglotte (m)	ဘာသာစကားအများ ပြောနိုင်သူ	ba dha zaga: amja: bjo: nain dhu
mémoire (f)	မှတ်ဉာဏ်	hma' njan

LES REPAS. LE RESTAURANT

48. Le dressage de la table

cuillère (f)	ဇွန်း	zun:
couteau (m)	ဓား	da:
fourchette (f)	ခက်ရင်း	khajin:

tasse (f)	ခွက်	khwe'
assiette (f)	ပန်းကန်ပြား	bagan: bja:
soucoupe (f)	အောက်ခံပန်းကန်ပြား	au' khan ban: kan pja:
serviette (f)	လက်သုတ်ပုဝါ	le' thou' pu. wa
cure-dent (m)	သွားကြားထိုးတံ	thwa: kja: dou: dan

49. Le restaurant

restaurant (m)	စားသောက်ဆိုင်	sa: thau' hsain
salon (m) de café	ကော်ဖီဆိုင်	ko hpi zain
bar (m)	ဘား	ba:
salon (m) de thé	လက်ဖက်ရည်ဆိုင်	le' hpe' ji zain

serveur (m)	စားပွဲထိုး	sa: bwe: dou:
serveuse (f)	စားပွဲထိုးမိန်းကလေး	sa: bwe: dou: mein: ga. lei:
barman (m)	အရက်ဘားဝန်ထမ်း	aje' ba: wun dan:

carte (f)	စားသောက်ဖွယ်စာရင်း	sa: thau' hpwe za jin:
carte (f) des vins	ဝိုင်စာရင်း	wain za jin:
réserver une table	စားပွဲကြိုတင်မှာယူသည်	sa: bwe: gjou din hma ju de

plat (m)	ဟင်းပွဲ	hin: bwe:
commander (vt)	မှာသည်	hma de
faire la commande	မှာသည်	hma de

apéritif (m)	နှတ်မြိန်ဆေး	hna' mjein zei:
hors-d'œuvre (m)	နှတ်မြိန်စာ	hna' mjein za
dessert (m)	အချိုပွဲ	achou bwe:

addition (f)	ကျသင့်ငွေ	kja. thin. ngwei
régler l'addition	ကုန်ကျငွေရှင်းသည်	koun gja ngwei shin: de
rendre la monnaie	ပြန်အမ်းသည်	pjan an: de
pourboire (m)	မုန့်ဖိုး	moun. bou:

50. Les repas

nourriture (f)	အစားအစာ	asa: asa
manger (vi, vt)	စားသည်	sa: de

petit déjeuner (m)	နံနက်စာ	nan ne' za
prendre le petit déjeuner	နံနက်စာစားသည်	nan ne' za za: de
déjeuner (m)	နေ့လယ်စာ	nei. le za
déjeuner (vi)	နေ့လယ်စာစားသည်	nei. le za za de
dîner (m)	ညစာ	nja. za
dîner (vi)	ညစာစားသည်	nja. za za: de

| appétit (m) | စားချင်စိတ် | sa: gjin zei' |
| Bon appétit! | စားကောင်းပါစေ | sa: gaun: ba zei |

ouvrir (vt)	ဖွင့်သည်	hpwin. de
renverser (liquide)	ဖိတ်ကျသည်	hpi' kja de
se renverser (liquide)	မှောက်သည်	hmau' de

bouillir (vi)	ဆူပွက်သည်	hsu. bwe' te
faire bouillir	ဆူပွက်သည်	hsu. bwe' te
bouilli (l'eau ~e)	ဆူပွက်ထားသော	hsu. bwe' hta: de.
refroidir (vt)	အအေးခံသည်	aei: gan de
se refroidir (vp)	အေးသွားသည်	ei: dhwa: de

| goût (m) | အရသာ | aja. dha |
| arrière-goût (m) | ပအာခြင်း | pa. achin: |

suivre un régime	ဝိတ်ချျသည်	wei' cha. de
régime (m)	ဓာတ်စာ	da' sa
vitamine (f)	ဗီတာမင်	bi ta min
calorie (f)	ကယ်လိုရီ	ke lou ji
végétarien (m)	သက်သက်လွတ်စားသူ	the' the' lu' za: dhu
végétarien (adj)	သက်သက်လွတ်စားသော	the' the' lu' za: de.

lipides (m pl)	အဆီ	ahsi
protéines (f pl)	အသားဓာတ်	atha: da'
glucides (m pl)	ကစီဓာတ်	ka. zi da'

tranche (f)	အချပ်	acha'
morceau (m)	အတုံး	atoun:
miette (f)	အစအန	asa an

51. Les plats cuisinés

plat (m)	ဟင်းပွဲ	hin: bwe:
cuisine (f)	အစားအသောက်	asa: athau'
recette (f)	ဟင်းချက်နည်း	hin: gji' ne:
portion (f)	တစ်ယောက်စာဟင်းပွဲ	ti' jau' sa hin: bwe:

| salade (f) | အသုပ် | athou' |
| soupe (f) | စွပ်ပြုတ် | su' pjou' |

bouillon (m)	ဟင်းရည်	hin: ji
sandwich (m)	အသားညှပ်ပေါင်မုန့်	atha: hnja' paun moun.
les œufs brouillés	ကြက်ဥကြော်	kje' u. kjo

| hamburger (m) | ဟန်ဘာဂါ | han ba ga |
| steak (m) | အမဲသားတုံး | ame: dha: doun: |

garniture (f)	အရံဟင်း	ajan hin:
spaghettis (m pl)	အီတလီခေါက်ဆွဲ	ita. li khau' hswe:
purée (f)	အာလူးနွားနို့ဖျော်	a luu: nwa: nou. bjo
pizza (f)	ပီဇာ	pi za
bouillie (f)	အုတ်ကျိုယာဂု	ou' gjoun ja gu.
omelette (f)	ကြက်ဥခေါက်ကြော်	kje' u. khau' kjo
cuit à l'eau (adj)	ပြုတ်ထားသော	pjou' hta: de.
fumé (adj)	ကြိုင်တင်ထားသော	kja' tin da: de.
frit (adj)	ကြော်ထားသော	kjo da de.
sec (adj)	ခြောက်နေသော	chau' nei de.
congelé (adj)	အေးခဲနေသော	ei: khe: nei de.
mariné (adj)	ဆားရည်စိမ်ထားသော	hsa:
sucré (adj)	ချိုသော	chou de.
salé (adj)	ငန်သော	ngan de.
froid (adj)	အေးသော	ei: de.
chaud (adj)	ပူသော	pu dho:
amer (adj)	ခါးသော	kha: de.
bon (savoureux)	အရသာရှိသော	aja. dha shi. de.
cuire à l'eau	ပြုတ်သည်	pjou' te
préparer (le dîner)	ချက်သည်	che' de
faire frire	ကြော်သည်	kjo de
réchauffer (vt)	အပူပေးသည်	apu bei: de
saler (vt)	ဆားထည့်သည်	hsa: hte. de
poivrer (vt)	အစပ်ထည့်သည်	asin hte. dhe
râper (vt)	ခြစ်သည်	chi' te
peau (f)	အခွံ	akhun
éplucher (vt)	အခွံနှာသည်	akhun hnwa de

52. Les aliments

viande (f)	အသား	atha:
poulet (m)	ကြက်သား	kje' tha:
poulet (m) (poussin)	ကြက်ကလေး	kje' ka. lei:
canard (m)	ဘဲသား	be: dha:
oie (f)	ဘဲငန်းသား	be: ngan: dha:
gibier (m)	တောကောင်သား	to: gaun dha:
dinde (f)	ကြက်ဆင်သား	kje' hsin dha:
du porc	ဝက်သား	we' tha:
du veau	နွားကလေးသား	nwa: ga. lei: dha:
du mouton	သိုးသား	thou: tha:
du bœuf	အမဲသား	ame: dha:
lapin (m)	ယုန်သား	joun dha:
saucisson (m)	ဝက်အူချောင်း	we' u gjaun:
saucisse (f)	အသားချောင်း	atha: gjaun:
bacon (m)	ဝက်ဆားနယ်ခြောက်	we' has: ne gjau'
jambon (m)	ဝက်ပေါင်ခြောက်	we' paun gjau'
cuisse (f)	ဝက်ပေါင်ကြွက်တိုက်	we' paun gje' tai'
pâté (m)	အနှစ်အခဲပျော့	ahni' akhe pjo:

foie (m)	အသည်း	athe:
farce (f)	ကြိုတ်သား	kjei' tha:
langue (f)	လျာ	sha
œuf (m)	ဥ	u.
les œufs	ဥများ	u. mja:
blanc (m) d'œuf	အကာ	aka
jaune (m) d'œuf	အနှစ်	ahni'
poisson (m)	ငါး	nga:
fruits (m pl) de mer	ပင်လယ်အစားအစာ	pin le asa: asa
crustacés (m pl)	အခွံမာရေနေသတ္တဝါ	akhun ma jei nei dha' ta. wa
caviar (m)	ငါးဥ	nga: u.
crabe (m)	ကကန်း	kanan:
crevette (f)	ပုစွန်	bazun
huître (f)	ကမာကောင်	kama kaun
langoustine (f)	ကျောက်ပုစွန်	kjau' pu. zun
poulpe (m)	ရေဘဝဲသား	jei ba. we: dha:
calamar (m)	ပြည်ကြီးငါး	pjei gji: nga:
esturgeon (m)	စတာဂျင်ငါး	sata gjin nga:
saumon (m)	ဆော်လမွန်ငါး	hso: la. mun nga:
flétan (m)	ပင်လယ်ငါးကြီးသား	pin le nga: gji: dha:
morue (f)	ငါးကြီးဆီထုတ်သောငါး	nga: gji: zi dou' de. nga:
maquereau (m)	မက်ကရယ်ငါး	me' ka. je nga:
thon (m)	တူနာငါး	tu na nga:
anguille (f)	ငါးရှဉ့်	nga: shin.
truite (f)	ထရောက်ငါး	hta. jau' nga:
sardine (f)	ငါးသဥ္ဇာငါး	nga: dhei ta' nga:
brochet (m)	ပိုက်ငါး	pai' nga
hareng (m)	ငါးသလောက်	nga: dha. lau'
pain (m)	ပေါင်မုန့်	paun moun.
fromage (m)	ဒိန်ခဲ	dain ge:
sucre (m)	သကြား	dhagja:
sel (m)	ဆား	hsa:
riz (m)	ဆန်စပါး	hsan zaba
pâtes (m pl)	အီတာလီခေါက်ဆွဲ	ita. li khau' hswe:
nouilles (f pl)	ခေါက်ဆွဲ	gau' hswe:
beurre (m)	ထောပတ်	hto: ba'
huile (f) végétale	ဆီ	hsi
huile (f) de tournesol	နေကြာပန်းဆီ	nei gja ban: zi
margarine (f)	ဟင်းရွက်အဆီခဲ	hin: jwe' ahsi khe:
olives (f pl)	သံလွင်သီး	than lun dhi:
huile (f) d'olive	သံလွင်ဆီ	than lun zi
lait (m)	နွားနို့	nwa: nou.
lait (m) condensé	နို့ဆီ	ni. zi
yogourt (m)	ဒိန်ချဉ်	dain gjin
crème (f) aigre	နို့ချဉ်	nou. gjin

crème (f) (de lait)	မလိုင်	ma. lain
sauce (f) mayonnaise	ခါပ်ျပ်ျပ်စားဗြိန်ရည်	kha' pji' pji' sa: mjein jei
crème (f) au beurre	ထောပတ်မလိုင်	hto: ba' ma. lein
gruau (m)	နံစားဆေ	nhnan za: zei.
farine (f)	ဂျုံမှုန့်	gjoun hmoun.
conserves (f pl)	စည်သွပ်ဗူးများ	si dhwa' bu: mja:
pétales (m pl) de maïs	ပြောင်းဖူးမှုန့်.တန်း	pjaun: bu: moun. zan:
miel (m)	ပျားရည်	pja: je
confiture (f)	ယို	jou
gomme (f) à mâcher	ပိကေ	pi gei

53. Les boissons

eau (f)	ရေ	jei
eau (f) potable	သောက်ရေ	thau' jei
eau (f) minérale	တတ်ထားရည်	da' hsa: ji
plate (adj)	ဂတ်စ်မပါသော	ga' s ma. ba de.
gazeuse (l'eau ~)	ဂတ်စ်ပါသော	ga' s ba de.
pétillante (adj)	စပါကလင်	saba ga. lin
glace (f)	ရေခဲ	jei ge:
avec de la glace	ရေခဲနှင့်	jei ge: hnin.
sans alcool	အယ်ကိုဟောမပါသော	e kou ho: ma. ba de.
boisson (f) non alcoolisée	အယ်ကိုဟောမဟုတ်	e kou ho: ma. hou'
	သော သောက်စရာ	te. dhau' sa. ja
rafraîchissement (m)	အဆေး	aei:
limonade (f)	လီမွန်ဖျော်ရည်	li mun hpjo ji
boissons (f pl) alcoolisées	အယ်ကိုဟောပါဝင်	e kou ho: ba win
	သော သောက်စရာ	de. dhau' sa. ja
vin (m)	ဝိုင်	wain
vin (m) blanc	ဝိုင်ဖြူ	wain gju
vin (m) rouge	ဝိုင်နီ	wain ni
liqueur (f)	အရက်ချိုပြင်း	aje' gjou pjin
champagne (m)	ရှန်ပိန်	shan pein
vermouth (m)	ရန့်သင်းသောေဆးစိမ်ဝိုင်	jan dhin: dho: zei: zein wain
whisky (m)	ဝိစကီ	wi sa. gi
vodka (f)	ဗော့ကာ	bo ga
gin (m)	ဂျင်	gjin
cognac (m)	ကော့ညက်	ko. nja'
rhum (m)	ရမ်	ran
café (m)	ကော်ဖီ	ko hpi
café (m) noir	ဘလက်ကော်ဖီ	ba. le' ko: phi
café (m) au lait	ကော်ဖီနို့ရော	ko hpi ni. jo:
cappuccino (m)	ကပူချီနီ	ka. pu chi ni.
café (m) soluble	ကော်ဖီမစ်	ko hpi mi'
lait (m)	နွားနို့	nwa: nou.
cocktail (m)	ကော့တေး	ko. dei:

cocktail (m) au lait	မစ်ရှိတ်	mi' shei'
jus (m)	အချိုရည်	achou ji
jus (m) de tomate	ခရမ်းချဉ်သီးအချိုရည်	khajan: chan dhi: achou jei
jus (m) d'orange	လိမ္မော်ရည်	limmo ji
jus (m) pressé	အသီးဖျော်ရည်	athi: hpjo je
bière (f)	ဘီယာ	bi ja
bière (f) blonde	အရောင်ဖျော့သောဘီယာ	ajaun bjau. de. bi ja
bière (f) brune	အရောင်ရင့်သောဘီယာ	ajaun jin. de. bi ja
thé (m)	လက်ဖက်ရည်	le' hpe' ji
thé (m) noir	လက်ဖက်နက်	le' hpe' ne'
thé (m) vert	လက်ဖက်စိမ်း	le' hpe' sein:

54. Les légumes

légumes (m pl)	ဟင်းသီးဟင်းရွက်	hin: dhi: hin: jwe'
verdure (f)	ဟင်းခတ်အမွှေးရွက်	hin: ga' ahmwei: jwe'
tomate (f)	ခရမ်းချဉ်သီး	khajan: chan dhi:
concombre (m)	သခွါးသီး	thakhwa: dhi:
carotte (f)	မုန်လာဥနီ	moun la u. ni
pomme (f) de terre	အာလူး	a lu:
oignon (m)	ကြက်သွန်နီ	kje' thwan ni
ail (m)	ကြက်သွန်ဖြူ	kje' thwan bju
chou (m)	ဂေါ်ဖီ	go bi
chou-fleur (m)	ပန်းဂေါ်ဖီ	pan: gozi
chou (m) de Bruxelles	ဂေါ်ဖီထုပ်အသေးစား	go bi dou' athei: za:
brocoli (m)	ပန်းဂေါ်ဖီအစိမ်း	pan: gozi asein:
betterave (f)	မုန်လာဥနီလုံး	moun la u. ni loun:
aubergine (f)	ခရမ်းသီး	khajan: dhi:
courgette (f)	ဘူးသီး	bu: dhi:
potiron (m)	ဖရုံသီး	hpa joun dhi:
navet (m)	တရုတ်မုန်လာဥ	tajou' moun la u.
persil (m)	တရုတ်နံနံပင်	tajou' nan nan bin
fenouil (m)	စမြိတ်ပင်	samjei' pin
laitue (f) (salade)	ဆလပ်ရွက်	hsa. la' jwe'
céleri (m)	တရုတ်နံနံကြီး	tajou' nan nan gji:
asperge (f)	ကညွတ်မာပင်	ka. nju' ma bin
épinard (m)	ဒေါက်ခွ	dau' khwa.
pois (m)	ပဲစေ့	pe: zei.
fèves (f pl)	ပဲအမျိုးမျိုး	pe: amjou: mjou:
maïs (m)	ပြောင်းဖူး	pjaun: bu:
haricot (m)	ပိုလဲစားပဲ	bou za: be:
poivron (m)	ငရုတ်သီး	nga jou' thi:
radis (m)	မုန်လာဥသေး	moun la u. dhei:
artichaut (m)	အာတိချော	a ti cho.

55. Les fruits. Les noix

fruit (m)	အသီး	athi:
pomme (f)	ပန်းသီး	pan: dhi:
poire (f)	သစ်တော်သီး	thi' to dhi:
citron (m)	သံပုယိုသီး	than bu. jou dhi:
orange (f)	လိမ္မော်သီး	limmo dhi:
fraise (f)	စတော်ဘယ်ရီသီး	sato be ri dhi:
mandarine (f)	ပျားလိမ္မော်သီး	pja: lein mo dhi:
prune (f)	ဆီးသီး	hsi: dhi:
pêche (f)	မက်မွန်သီး	me' mwan dhi:
abricot (m)	တရုတ်ဆီးသီး	jau' hsi: dhi:
framboise (f)	ရတ်စဘယ်ရီ	re' sa be ji
ananas (m)	နာနတ်သီး	na na' dhi:
banane (f)	ငှက်ပျောသီး	hnge' pjo: dhi:
pastèque (f)	ဖရဲသီး	hpa. je: dhi:
raisin (m)	စပျစ်သီး	zabji' thi:
merise (f), cerise (f)	ချယ်ရီသီး	che ji dhi:
cerise (f)	ချယ်ရီချဉ်သီး	che ji gjin dhi:
merise (f)	ချယ်ရီချိုသီး	che ji gjou dhi:
melon (m)	သခွားမွှေးသီး	thakhwa: hmwei: dhi:
pamplemousse (m)	ဂရိတ်ဖရုသီး	ga. ri' hpa. ju dhi:
avocat (m)	ထောပတ်သီး	hto: ba' thi:
papaye (f)	သင်္ဘောသီး	thin: bo: dhi:
mangue (f)	သရက်သီး	thaje' thi:
grenade (f)	တလည်းသီး	tale: dhi:
groseille (f) rouge	အနီရောင်ဘယ်ရီသီး	ani jaun be ji dhi:
cassis (m)	ဘလက်ကားရန့်	ba. le' ka: jan.
groseille (f) verte	ကလားဆီးဖြူ	ka. la: his: hpju
myrtille (f)	ဘီဘယ်ရီအသီး	bi: be ji athi:
mûre (f)	ရှမ်းဆီးသီး	shan: zi: di:
raisin (m) sec	စပျစ်သီးခြောက်	zabji' thi: gjau'
figue (f)	သဖန်းသီး	thahpjan: dhi:
datte (f)	စွန်ပလွံသီး	sun palun dhi:
cacahuète (f)	မြေပဲ	mjei be:
amande (f)	ဗာဒံသီး	ba dan di:
noix (f)	သစ်ကြားသီး	thi' kja: dhi:
noisette (f)	ဟေဇယ်သီး	ho: ze dhi:
noix (f) de coco	အုန်းသီး	aun: dhi:
pistaches (f pl)	ခွံမာသီး	khwan ma dhi:

56. Le pain. Les confiseries

confiserie (f)	မုန့်ချို	moun. gjou
pain (m)	ပေါင်မုန့်	paun moun.
biscuit (m)	ဘီစကစ်	bi za. ki'
chocolat (m)	ချောကလက်	cho: ka. le'

en chocolat (adj)	ချောကလက်အရသာရှိသော	cho: ka. le' aja. dha shi. de.
bonbon (m)	သကြားလုံး	dhagja: loun:
gâteau (m), pâtisserie (f)	ကိတ်	kei'
tarte (f)	ကိတ်မုန့်	kei' moun.
gâteau (m)	ပိုင်မုန့်	pain hmoun.
garniture (f)	သွပ်ထားသောအစာ	thu' hta: dho: asa
confiture (f)	ယို	jou
marmelade (f)	အထူးပြုလုပ်ထားသော ယို	a htu: bju. lou' hta: de. jou
gaufre (f)	ဝေဖာ	wei hpa
glace (f)	ရေခဲမုန့်	jei ge: moun.
pudding (m)	ပူတင်း	pu tin:

57. Les épices

sel (m)	ဆား	hsa:
salé (adj)	ငန်သော	ngan de.
saler (vt)	ဆားထည့်သည်	hsa: hte. de
poivre (m) noir	ငရုတ်ကောင်း	nga jou' kaun:
poivre (m) rouge	ငရုတ်သီး	nga jou' thi:
moutarde (f)	မုန်ညင်း	moun njin:
raifort (m)	သဘောဒန့်သလွန်	thin: bo: dan. dha lun
condiment (m)	ဟင်းခတ်အမှုန့်အမျိုးမျိုး	hin: ga' ahnun. amjou: mjou:
épice (f)	ဟင်းခတ်အမွှေးအကြိုင်	hin: ga' ahmwei: akjain
sauce (f)	ဆော့	hso.
vinaigre (m)	ရှာလကာရည်	sha la. ga je
anis (m)	စမုန်စပါးပင်	samoun zaba: bin
basilic (m)	ပင်စိမ်း	pin zein:
clou (m) de girofle	လေးညှင်း	lei: hnjin:
gingembre (m)	ဂျင်း	gjin:
coriandre (m)	နံနံပင်	nan nan bin
cannelle (f)	သစ်ကြံပိုးခေါက်	thi' kjan bou: gau'
sésame (m)	နှမ်း	hnan:
feuille (f) de laurier	ကရဝေးရွက်	ka ja wei: jwe'
paprika (m)	ပန်းငရုတ်မှုန့်	pan: nga. jou' hnoun.
cumin (m)	ကရဝေး	ka. ja. wei:
safran (m)	ကုံကုမံ	koun kou man

LES DONNÉES PERSONNELLES. LA FAMILLE

prénom (m)	အမည်	amji
nom (m) de famille	မိသားစုအမည်	mi. dha: zu. amji
date (f) de naissance	မွေးဝန့်,	mwei: nei,
lieu (m) de naissance	မွေးရပ်	mwer: ja'

nationalité (f)	လူမျိုး	lu mjou:
domicile (m)	နေရပ်ဒေသ	nei ja' da. dha.
pays (m)	နိုင်ငံ	nain ngan
profession (f)	အလုပ်အကိုင်	alou' akain

sexe (m)	လိင်	lin
taille (f)	အရပ်	aja'
poids (m)	ကိုယ်အလေးချိန်	kou alei: chain

mère (f)	အမေ	amei
père (m)	အဖေ	ahpei
fils (m)	သား	tha;
fille (f)	သမီး	thami:

fille (f) cadette	သမီးအငယ်	thami: ange
fils (m) cadet	သားအငယ်	tha: ange
fille (f) aînée	သမီးအကြီး	thami: akji:
fils (m) aîné	သားအကြီး	tha: akji:

frère (m)	ညီအစ်ကို	nji a' kou
frère (m) aîné	အစ်ကို	akou
frère (m) cadet	ညီ	nji
sœur (f)	ညီအစ်မ	nji a' ma
sœur (f) aînée	အစ်မ	ama.
sœur (f) cadette	ညီမ	nji ma.

cousin (m)	ဝမ်းကွဲအစ်ကို	wan: kwe: i' kou
cousine (f)	ဝမ်းကွဲညီမ	wan: kwe: nji ma.

maman (f)	မေမေ	mei mei
papa (m)	ဖေဖေ	hpei hpei
parents (m pl)	မိဘတွေ	mi. ba. dwei
enfant (m, f)	ကလေး	kalei:
enfants (pl)	ကလေးများ	kalei: mja:

grand-mère (f)	အဘွား	ahpwa
grand-père (m)	အဘိုး	ahpou:

petit-fils (m)	မြေး	mjei:
petite-fille (f)	မြေးမ	mjei: ma.
petits-enfants (pl)	မြေးများ	mjei: mja:

oncle (m)	ဦးလေး	u: lei:
tante (f)	အဒေါ်	ado
neveu (m)	တူ	tu
nièce (f)	တူမ	tu ma.

belle-mère (f)	ယောက္ခမ	jau' khama.
beau-père (m)	ယောက္ခထီး	jau' khadi:
gendre (m)	သားမက်	tha: me'
belle-mère (f)	မိထွေး	mi. dwei:
beau-père (m)	ပထွေး	pahtwei:

nourrisson (m)	နို့စိုကလေး	nou. zou. galei:
bébé (m)	ကလေးငယ်	kalei: nge
petit (m)	ကလေး	kalei:

femme (f)	မိန်းမ	mein: ma.
mari (m)	ယောက်ျား	jau' kja:
époux (m)	ခင်ပွန်း	khin bun:
épouse (f)	ဇနီး	zani:

marié (adj)	မိန်းမရှိသော	mein: ma. shi. de.
mariée (adj)	ယောက်ျားရှိသော	jau' kja: shi de
célibataire (adj)	လူလွတ်ဖြစ်သော	lu lu' hpji te.
célibataire (m)	လူပျို	lu bjou
divorcé (adj)	တစ်ခုလပ်ဖြစ်သော	ti' khu. la' hpji' te.
veuve (f)	မုဆိုးမ	mu. zou: ma.
veuf (m)	မုဆိုးဖို	mu. zou: bou

parent (m)	ဆွေမျိုး	hswe mjou:
parent (m) proche	ဆွေမျိုးရင်းချာ	hswe mjou: jin: gja
parent (m) éloigné	ဆွေမျိုးနီးစပ်	hswe mjou: ni: za'
parents (m pl)	မွေးချင်းများ	mwei: chin: mja:

orphelin (m), orpheline (f)	မိဘမဲ့	mi. ba me.
orphelin (m)	မိဘမဲ့ကလေး	mi. ba me. ga lei:
orpheline (f)	မိဘမဲ့ကလေးမ	mi. ba me. ga lei: ma
tuteur (m)	အုပ်ထိန်းသူ	ou' htin: dhu
adopter (un garçon)	သားအဖြစ်မွေးစားသည်	tha: ahpji' mwei: za: de
adopter (une fille)	သမီးအဖြစ်မွေးစားသည်	thami: ahpji' mwei: za: de

60. Les amis. Les collègues

ami (m)	သူငယ်ချင်း	thu nge gjin:
amie (f)	မိန်းကလေးသူငယ်ချင်း	mein: galei: dhu nge gjin:
amitié (f)	ခင်မင်ရင်းနှီးမှု	khin min jin: ni: hmu.
être ami	ခင်မင်သည်	khin min de

copain (m)	အပေါင်းအသင်း	apaun: athin:
copine (f)	အပေါင်းအသင်း	apaun: athin:
partenaire (m)	လုပ်ဖော်ကိုင်ဖက်	lou' hpo kain be'

chef (m)	အကြီးအကဲ	akji: ake:
supérieur (m)	အထက်လူကြီး	a hte' lu gji:
propriétaire (m)	ပိုင်ရှင်	pain shin
subordonné (m)	လက်အောက်ခံအမှုထမ်း	le' au' khan ahmu. htan:
collègue (m, f)	လုပ်ဖော်ကိုင်ဖက်	lou' hpo kain be'
connaissance (f)	အကျွမ်းဝင်မှု	akjwan: win hmu.
compagnon (m) de route	ခရီးဖော်	khaji: bo
copain (m) de classe	တစ်တန်းတည်းသား	ti' tan: de: dha:
voisin (m)	အိမ်နီးနားချင်း	ein ni: na: gjin:
voisine (f)	မိန်းကလေးအိမ်နီးနားချင်း	mein: galei: ein: ni: na: gjin:
voisins (m pl)	အိမ်နီးနားချင်းများ	ein ni: na: gjin: mja:

LE CORPS HUMAIN. LES MÉDICAMENTS

61. La tête

tête (f)	ခေါင်း	gaun:
visage (m)	မျက်နှာ	mje' hna
nez (m)	နှာခေါင်း	hna gaun:
bouche (f)	ပါးစပ်	pa: zi'
œil (m)	မျက်စိ	mje' si.
les yeux	မျက်စိများ	mje' si. mja:
pupille (f)	သူငယ်အိမ်	thu nge ein
sourcil (m)	မျက်ခုံး	mje' khoun:
cil (m)	မျက်တောင်	mje' taun
paupière (f)	မျက်ခွံ	mje' khwan
langue (f)	လျှာ	sha
dent (f)	သွား	thwa:
lèvres (f pl)	နုတ်ခမ်း	hna' khan:
pommettes (f pl)	ပါးရိုး	pa: jou:
gencive (f)	သွားဖုံး	thwahpoun:
palais (m)	အာခေါင်	a gaun
narines (f pl)	နှာခေါင်းပေါက်	hna gaun: bau'
menton (m)	မေးစေ့	mei: zei.
mâchoire (f)	မေးရိုး	mei: jou:
joue (f)	ပါး	pa:
front (m)	နဖူး	na. hpu:
tempe (f)	နားထင်	na: din
oreille (f)	နားရွက်	na: jwe'
nuque (f)	နောက်စေ့	nau' sei.
cou (m)	လည်ပင်း	le bin:
gorge (f)	လည်ချောင်း	le gjaun:
cheveux (m pl)	ဆံပင်	zabin
coiffure (f)	ဆံပင်ပုံစံ	zabin boun zan
coupe (f)	ဆံပင်ညှပ်သည့်ပုံစံ	zabin hnja' thi. boun zan
perruque (f)	ဆံပင်တု	zabin du.
moustache (f)	နုတ်ခမ်းမွေး	hnou' khan: hmwei:
barbe (f)	မုတ်ဆိတ်မွေး	mou' hsei' hmwei:
porter (~ la barbe)	အရှည်ထားသည်	ashei hta: de
tresse (f)	ကျစ်ဆံမြီး	kji' zan mji:
favoris (m pl)	ပါးသိုင်းမွေး	pa: dhain: hmwei:
roux (adj)	ဆံပင်အနီရောင်ရှိသော	zabin ani jaun shi. de
gris, grisonnant (adj)	အရောင်ဖျော့သော	ajaun bjo. de.
chauve (adj)	ထိပ်ပြောင်သော	htei' pjaun de.
calvitie (f)	ဆံပင်ကျွတ်နေသောနေရာ	zabin kju' nei dho nei ja

queue (f) de cheval	မြင်းမြီးပုံစံဆံပင်	mjin: mji: boun zan zan bin
frange (f)	ဆံရစ်	hsaji'

62. Le corps humain

main (f)	လက်	le'
bras (m)	လက်မောင်း	le' maun:
doigt (m)	လက်ချောင်း	le' chaun:
orteil (m)	ခြေချောင်း	chei gjaun:
pouce (m)	လက်မ	le' ma
petit doigt (m)	လက်သန်း	le' than:
ongle (m)	လက်သည်းခွံ	le' the: dou' tan zin:
poing (m)	လက်သီး	le' thi:
paume (f)	လက်ဝါး	le' wa:
poignet (m)	လက်ကောက်ဝတ်	le' kau' wa'
avant-bras (m)	လက်ဖျံ	le' hpjan
coude (m)	တံတောင်ဆစ်	daduan zi'
épaule (f)	ပခုံး	pakhoun:
jambe (f)	ခြေထောက်	chei htau'
pied (m)	ခြေထောက်	chei htau'
genou (m)	ဒူး	du:
mollet (m)	ခြေသလုံးကြွက်သား	chei dha. loun: gjwe' dha:
hanche (f)	တင်ပါး	tin ba:
talon (m)	ခြေဖနောင့်	chei ba. naun.
corps (m)	ခန္ဓာကိုယ်	khan da kou
ventre (m)	ဗိုက်	bai'
poitrine (f)	ရင်ဘတ်	jin ba'
sein (m)	နို့	nou.
côté (m)	နံပါး	nan ba:
dos (m)	ကျော	kjo:
reins (région lombaire)	ခါးအောက်ပိုင်း	kha: au' pain:
taille (f) (~ de guêpe)	ခါး	kha:
nombril (m)	ချက်	che'
fesses (f pl)	တင်ပါး	tin ba:
derrière (m)	နောက်ပိုင်း	nau' pain:
grain (m) de beauté	မဲ့	hme.
tache (f) de vin	မွေးရာပါအမှတ်	mwei: ja ba ahma'
tatouage (m)	တက်တူး	te' tu:
cicatrice (f)	အမာရွတ်	ama ju'

63. Les maladies

maladie (f)	ရောဂါ	jo: ga
être malade	ဖျားနာသည်	hpa: na de
santé (f)	ကျန်းမာရေး	kjan: ma jei:
rhume (m) (coryza)	နာစေးခြင်း	hna zei: gjin:

angine (f)	အာသီးရောင်ခြင်း	a sha. jaun gjin:
refroidissement (m)	အအေးမိခြင်း	aei: mi. gjin:
prendre froid	အအေးမိသည်	aei: mi. de
bronchite (f)	ရောင်းဆိုးရင်ကျပ်နာ	gaun: ou: jin gja' na
pneumonie (f)	အဆုတ်ရောင်ရောဂါ	ahsou' jaun jo: ga
grippe (f)	တုပ်ကွေး	tou' kwei:
myope (adj)	အဝေးမှုန်သော	awei: hmun de.
presbyte (adj)	အနီးမှုန်	ani: hmoun
strabisme (m)	မျက်စိစွေခြင်း	mje' zi. zwei gjin:
strabique (adj)	မျက်စိစွေသော	mje' zi. zwei de.
cataracte (f)	နာမကျန်းဖြစ်ခြင်း	na. ma. gjan: bji' chin:
glaucome (m)	ရေတိမ်	jei dein
insulte (f)	လေသင်တုန်းဖြတ်ခြင်း	lei dhin doun: bja' chin:
crise (f) cardiaque	နှလုံးဖောက်ပြန်မှု	hnaloun: bau' bjan hmu.
infarctus (m) de myocarde	နှလုံးကြွက်သားပုပ်ခြင်း	hnaloun: gjwe' tha: bou' chin:
paralysie (f)	သွက်ချာပါဒ	thwe' cha ba da.
paralyser (vt)	ဆိုင်းတွသွားသည်	hsain: dwa dhwa: de
allergie (f)	မတည့်ခြင်း	ma. de. gjin:
asthme (m)	ပန်းနာ	pan: na
diabète (m)	ဆီးချိုရောဂါ	hsi: gjou jau ba
mal (m) de dents	သွားကိုက်ခြင်း	thwa: kai' chin:
carie (f)	သွားပိုးစားခြင်း	thwa: pou: za: gjin:
diarrhée (f)	ဝမ်းလျှောခြင်း	wan: sho: gjin:
constipation (f)	ဝမ်းချုပ်ခြင်း	wan: gjou' chin:
estomac (m) barbouillé	ပိုက်နာခြင်း	bai' na gjin:
intoxication (f) alimentaire	အစာအဆိပ်သင့်ခြင်း	asa: ahsei' thin. gjin:
être intoxiqué	အစားမှားခြင်း	asa: hma: gjin:
arthrite (f)	အဆစ်ရောင်နာ	ahsi' jaun na
rachitisme (m)	အရိုးပျော့နာ	ajou: bjau. na
rhumatisme (m)	ဂုလာ	du la
athérosclérose (f)	နှလုံးသွေးကြော အဆိပ်တက်ခြင်း	hna. loun: twei: kjau ahsi pei' khin:
gastrite (f)	အစာအိမ်ရောင်ရင်းနာ	asa: ein jaun jan: na
appendicite (f)	အူအတက်ရောင်ခြင်း	au hte' jaun gjin:
cholécystite (f)	သည်းခြေပြန်ရောင်ခြင်း	thi: gjei bjun jaun gjin:
ulcère (m)	ဖက္ခွက်နာ	hpe' khwe' na
rougeole (f)	ဝက်သက်	we' the'
rubéole (f)	ဂျုက်သိုး	gjou' thou:
jaunisse (f)	အသားဝါရောဂါ	atha: wa jo: ga
hépatite (f)	အသည်းရောင်ရောဂါ	athe: jaun jau ba
schizophrénie (f)	စိတ်ကစဉ့်ကလျားရောဂါ	sei' ga. zin. ga. lja: jo: ga
rage (f) (hydrophobie)	ခွေးရူးပြန်ရောဂါ	khwei: ju: bjan jo: ba
névrose (f)	စိတ်မမှန်ခြင်း	sei' mu ma. hman gjin:
commotion (f) cérébrale	ဦးနှောက်ထိပိုက်ခြင်း	oun: hnau' hti. gai' chin:
cancer (m)	ကင်ဆာ	kin hsa
sclérose (f)	အသားမျှင်ခက် မာသွားခြင်း	atha: hmjin kha' ma dwa: gjin:

sclérose (f) en plaques	အာရုံကြောပျက်စီး ရောင်ရမ်းသည့်ရောဂါ	a joun gjo: bje' si: jaun jan: dhi. jo: ga
alcoolisme (m)	အရက်နာစွဲခြင်း	aje' na zwe: gjin:
alcoolique (m)	အရက်သမား	aje' dha. ma:
syphilis (f)	ဆစ်ဖလစ်ကာလသားရောဂါ	his' hpa. li' ka la. dha: jo: ba
SIDA (m)	ကိုယ်ခံအားကျကူးစက်ရောဂါ	kou khan a: kja ku: za' jau ba

tumeur (f)	အသားပို	atha: pou
maligne (adj)	ကင်ဆာဖြစ်နေသော	kin hsa bji' nei de.
bénigne (adj)	ပြန့်ပွားခြင်းမရှိသော	pjan. bwa: gjin: ma. shi. de.

fièvre (f)	အဖျားတက်ရောဂါ	ahpja: de' jo: ga
malaria (f)	ငှက်ဖျားရောဂါ	hnge' hpja: jo: ba
gangrène (f)	ဂန်ဂရိန်းနာရောဂါ	gan ga. ji na jo: ba
mal (m) de mer	လှိုင်းမူးခြင်း	hlain: mu: gjin:
épilepsie (f)	ဝက်ရူးပြန်ရောဂါ	we' ju: bjan jo: ga

épidémie (f)	ကပ်ရောဂါ	ka' jo ba
typhus (m)	တိုက်ဖိုက်ရောဂါ	tai' hpai' jo: ba
tuberculose (f)	တီဘီရောဂါ	ti bi jo: ba
choléra (m)	ကာလဝမ်းရောဂါ	ka la. wan: jau ga
peste (f)	ကပ်ဆိုး	ka' hsou:

64. Les symptômes. Le traitement. Partie 1

symptôme (m)	လက္ခဏာ	le' khana
température (f)	အပူချိန်	apu gjein
fièvre (f)	ကိုယ်အပူချိန်တက်	kou apu chain de'
pouls (m)	သွေးခုန်နှုန်း	thwei: khoun hnan:

vertige (m)	မူးနောက်ခြင်း	mu: nau' chin:
chaud (adj)	ပူသော	pu dho:
frisson (m)	တုန်ခြင်း	toun gjin:
pâle (adj)	ဖြူရော်သော	hpju jo de.

toux (f)	ချောင်းဆိုးခြင်း	gaun: zou: gjin:
tousser (vi)	ချောင်းဆိုးသည်	gaun: zou: de
éternuer (vi)	နှာချေသည်	hna gjei de
évanouissement (m)	အားနည်းခြင်း	a: ne: gjin:
s'évanouir (vp)	သတိလစ်သည်	dhadi. li' te

bleu (m)	ပွန်းပဲ့ဒဏ်ရာ	pun: be. dan ja
bosse (f)	ဆောင့်မိခြင်း	hsaun. mi. gjin:
se heurter (vp)	ဆောင့်မိသည်	hsaun. mi. de.
meurtrissure (f)	ပွန်းပဲ့ဒဏ်ရာ	pun: be. dan ja
se faire mal	ပွန်းပဲ့ဒဏ်ရာရသည်	pun: be. dan ja ja. de

boiter (vi)	ထော့နဲ့ထော့နဲ့လျှောက်သည်	hto. ne. hto. ne. shau' te
foulure (f)	အဆစ်လွဲခြင်း	ahsi' lwe: gjin:
se démettre (l'épaule, etc.)	အဆစ်လွဲသည်	ahsi' lwe: de
fracture (f)	ကျိုးအက်ခြင်း	kjou: e' chin:
avoir une fracture	ကျိုးအက်သည်	kjou: e' te
coupure (f)	ရှသည်	sha. de
se couper (~ le doigt)	ရှမိသည်	sha. mi. de

hémorragie (f)	သွေးထွက်ခြင်း	thwei: htwe' chin:
brûlure (f)	မီးလောင်သည့်ဒဏ်ရာ	mi: laun de. dan ja
se brûler (vp)	မီးလောင်ဒဏ်ရာရသည်	mi: laun dan ja ja. de

se piquer (le doigt)	ဖောက်သည်	hpau' te
se piquer (vp)	ကိုယ်တိုင်ဖောက်သည်	kou tain hpau' te
blesser (vt)	ထိခိုက်ဒဏ်ရာရသည်	hti. gai' dan ja ja. de
blessure (f)	ထိခိုက်ဒဏ်ရာ	hti. gai' dan ja
plaie (f) (blessure)	ဒဏ်ရာ	dan ja
trauma (m)	စိတ်ဒဏ်ရာ	sei' dan ja

délirer (vi)	ကယောင်ကတမ်းဖြစ်သည်	kajaun ka dan: bi' te
bégayer (vi)	တုံ့နေးတုံ့နေးဖြစ်သည်	toun. hnei: toun. hnei: bji' te
insolation (f)	အပူလျပ်ခြင်း	apu hlja' chin

65. Les symptômes. Le traitement. Partie 2

| douleur (f) | နာကျင်မှု | na gjin hmu. |
| écharde (f) | ပို့ထွက်သောအစ | pe. dwe' tho: asa. |

sueur (f)	ချွေး	chwei:
suer (vi)	ချွေးထွက်သည်	chwei: htwe' te
vomissement (m)	အန်ခြင်း	an gjin:
spasmes (m pl)	အကြောလိုက်ခြင်း	akjo: lai' chin:

enceinte (adj)	ကိုယ်ဝန်ဆောင်ထားသော	kou wun hsaun da: de.
naître (vi)	မွေးဖွားသည်	mwei: bwa: de
accouchement (m)	မီးဖွားခြင်း	mi: bwa: gjin:
accoucher (vi)	မီးဖွားသည်	mi: bwa: de
avortement (m)	ကိုယ်ဝန်ဖျက်ချခြင်း	kou wun hpje' cha chin:

respiration (f)	အသက်ရှုခြင်း	athe' shu gjin:
inhalation (f)	ဝင်လေ	win lei
expiration (f)	ထွက်လေ	htwe' lei
expirer (vi)	အသက်ရှုထုတ်သည်	athe' shu dou' te
inspirer (vi)	အသက်ရှုသွင်းသည်	athe' shu dhwin: de

invalide (m)	ကိုယ်အင်္ဂါမသန်စွမ်းသူ	kou an ga ma. dhan swan: dhu
handicapé (m)	မသန်မစွမ်းသူ	ma. dhan ma. zwan dhu
drogué (m)	ဆေးစွဲသူ	hsei: zwe: dhu

sourd (adj)	နားမကြားသော	na: ma. gja: de.
muet (adj)	ဆွံ့အသော	hsun. ade.
sourd-muet (adj)	ဆွံ့အ နားမကြားသူ	hsun. ana: ma. gja: dhu

fou (adj)	စိတ်မနှံ့သော	sei' ma. hnan. de.
fou (m)	စိတ်မနှံ့သူ	sei' ma. hnan. dhu
folle (f)	စိတ်ဝေဒနာရှင် မိန်းကလေး	sei' wei da. na shin mein: ga. lei:
devenir fou	ရူးသွပ်သည်	ju: dhu' de

| gène (m) | မျိုးရိုးဗီဇ | mjou: jou: bi za. |
| immunité (f) | ကိုယ်ခံအား | kou gan a: |

héréditaire (adj)	မျိုးရိုးလိုက်သော	mjou: jou: lou' te.
congénital (adj)	မွေးရာပါဖြစ်သော	mwei: ja ba bji' te.
virus (m)	ဗိုင်းရပ်ပိုးမွှား	bain: ja' pou: hmwa:
microbe (m)	အကူဇီဝရုပ်	anu zi wa. jou'
bactérie (f)	ပက်တီးရီးယားပိုး	be' ti: ji: ja: bou:
infection (f)	ရောဂါကူးစက်မှု	jo ga gu: ze' hmu.

66. Les symptômes. Le traitement. Partie 3

hôpital (m)	ဆေးရုံ	hsei: joun
patient (m)	လူနာ	lu na
diagnostic (m)	ရောဂါစစ်ဆေးခြင်း	jo ga zi' hsei: gjin:
cure (f) (faire une ~)	ဆေးကုထုံး	hsei: ku. doun:
traitement (m)	ဆေးဝါးကုသမှု	hsei: wa: gu. dha. hmu.
se faire soigner	ဆေးကုသမှုခံယူသည်	hsei: ku. dha. hmu. dha de
traiter (un patient)	ပြုစုသည်	pju. zu. de
soigner (un malade)	ပြုစုစောင့်ရှောက်သည်	pju. zu. zaun. shau' te
soins (m pl)	ပြုစုစောင့်ရှောက်ခြင်း	pju. zu. zaun. shau' chin:
opération (f)	ခွဲစိတ်ကုသခြင်း	khwe: zei' ku. dha. hin:
panser (vt)	ပတ်တီးစည်းသည်	pa' ti: ze: de
pansement (m)	ပတ်တီးစည်းခြင်း	pa' ti: ze: gjin:
vaccination (f)	ကာကွယ်ဆေးထိုးခြင်း	ka gwe hsei: dou: gjin:
vacciner (vt)	ကာကွယ်ဆေးထိုးသည်	ka gwe hsei: dou: de
piqûre (f)	ဆေးထိုးခြင်း	hsei: dou: gjin:
faire une piqûre	ဆေးထိုးသည်	hsei: dou: de
crise, attaque (f)	ရောဂါ ရုတ်တရက်ကျရောက်ခြင်း	jo ga jou' ta. je' kja. jau' chin:
amputation (f)	ဖြတ်တောက်ကုသခြင်း	hpja' tau' ku. dha gjin:
amputer (vt)	ဖြတ်တောက်ကုသသည်	hpja' tau' ku. dha de
coma (m)	မေ့မြောခြင်း	mei. mjo: gjin:
être dans le coma	မေ့မြောသည်	mei. mjo: de
réanimation (f)	အသွင်းကုန်ပြုစုခြင်း	aswan: boun bju. zu. bjin:
se rétablir (vp)	ရောဂါသက်သာလာသည်	jo ga dhe' tha la de
état (m) (de santé)	ကျန်းမာရေးအခြေအနေ	kjan: ma jei: achei a nei
conscience (f)	ပြန်လည်သတိရလာခြင်း	pjan le dhadi. ja. la. gjin:
mémoire (f)	မှတ်ဉာဏ်	hma' njan
arracher (une dent)	နုတ်သည်	hna' te
plombage (m)	သွားပေါက်ဖာထေးမှု	thwa: bau' hpa dei: hmu.
plomber (vt)	ဖာသည်	hpa de
hypnose (f)	အိပ်မွေ့ရှုခြင်း	ei' mwei. gja. gjin:
hypnotiser (vt)	အိပ်မွေ့ရှုသည်	ei' mwei. gja. de

67. Les médicaments. Les accessoires

médicament (m)	ဆေးဝါး	hsei: wa:
remède (m)	ကုသခြင်း	ku. dha. gjin:

prescrire (vt)	ဆေးအညွှန်းပေးသည်	hsa: ahnjun: bwe: de
ordonnance (f)	ဆေးညွှန်း	hsei: hnjun:
comprimé (m)	ဆေးပြား	hsei: bja:
onguent (m)	လိမ်းဆေး	lein: zei:
ampoule (f)	လေလုံဖန်ပုလင်းငယ်	lei loun ban bu. lin: nge
mixture (f)	စပ်ဆေးရည်	sa' ei: je
sirop (m)	ဖျော်ရည်ဆီ	hpjo jei zi
pilule (f)	ဆေးတောင့်	hsei: daun.
poudre (f)	အမှုန့်	ahmoun.
bande (f)	ပတ်တီး	pa' ti:
coton (m) (ouate)	ဝွမ်းလိပ်	gwan: lei'
iode (m)	တင်ဂျာအိုင်ဒင်း	tin gja ein din:
sparadrap (m)	ပလာစတာ	pa. la sata
compte-gouttes (m)	မျက်စဉ်းခတ်ကိရိယာ	mje' zin: ba' ki. ji. ja
thermomètre (m)	အပူရှိန်တိုင်းကိရိယာ	apu gjein dain: gi. ji. ja
seringue (f)	ဆေးထိုးပြွတ်	hsei: dou: bju'
fauteuil (m) roulant	ဘီးတင်ကုလားထိုင်	bi: da' ku. la: dain
béquilles (f pl)	ချိုင်းထောက်	chain: dau'
anesthésique (m)	အကိုက်အခဲပျောက်ဆေး	akai' akhe: pjau' hsei:
purgatif (m)	ဝမ်းနုတ်ဆေး	wan: hnou' hsei:
alcool (m)	အရက်ပြံ	aje' pjan
herbe (f) médicinale	ဆေးဖက်ဝင်အပင်များ	hsei: hpa' win apin mja:
d'herbes (adj)	ဆေးဖက်ဝင်အပင်	hsei: hpa' win apin
	နှင့်ဆိုင်သော	hnin. zain de.

L'APPARTEMENT

68. L'appartement

appartement (m)	တိုက်ခန်း	tai' khan:
chambre (f)	အခန်း	akhan:
chambre (f) à coucher	အိပ်ခန်း	ei' khan:
salle (f) à manger	ထမင်းစားခန်း	htamin: za: gan:
salon (m)	ဧည့်ခန်း	e. gan:
bureau (m)	အိမ်တွင်းရုံးခန်းလေး	ein dwin: joun: gan: lei:
antichambre (f)	ဝင်ပေါက်	win bau'
salle (f) de bains	ရေချိုးခန်း	jei gjou gan:
toilettes (f pl)	အိမ်သာ	ein dha
plafond (m)	မျက်နှာကြက်	mje' hna gje'
plancher (m)	ကြမ်းပြင်	kan: pjin
coin (m)	ထောင့်	htaun.

69. Les meubles. L'intérieur

meubles (m pl)	ပရိဘောဂ	pa ri. bo: ga.
table (f)	စားပွဲ	sa: bwe:
chaise (f)	ကုလားထိုင်	kala: dain
lit (m)	ကုတင်	ku din
canapé (m)	ဆိုဖာ	hsou hpa
fauteuil (m)	လက်တင်ပါသောကုလားထိုင်	le' tin ba dho: ku. la: dain
bibliothèque (f) (meuble)	စာအုပ်စင်	sa ou' sin
rayon (m)	စင်	sin
armoire (f)	ဗီရို	bi jou
patère (f)	နံရံကပ်အဝတ်ချိတ်စင်	nan jan ga' awu' gei' zin
portemanteau (m)	အဝတ်ချိတ်စင်	awu' gjei' sin
commode (f)	အံဆွဲပါ မှန်တင်ခုံ	an. zwe: pa hman din khoun
table (f) basse	စားပွဲပု	sa: bwe: bu.
miroir (m)	မှန်	hman
tapis (m)	ကော်ဇော	ko zo:
petit tapis (m)	ကော်ဇော	ko zo:
cheminée (f)	မီးလင်းဖို	mi: lin: bou
bougie (f)	ဖယောင်းတိုင်	hpa. jaun dain
chandelier (m)	ဖယောင်းတိုင်စိုက်သောတိုင်	hpa. jaun dain zou' tho dain
rideaux (m pl)	ခန်းဆီးရည်	khan: zi: shei
papier (m) peint	နံရံကပ်စက္ကူ	nan jan ga' se' ku

jalousie (f)	ယင်းလိပ်	jin: lei'
lampe (f) de table	စားပွဲတင်မီးအိမ်	sa: bwe: din mi: ein
applique (f)	နံရံကပ်မီး	nan jan ga' mi:
lampadaire (m)	မတ်တပ်မီးတလောင်း	ma' ta' mi: za. laun:
lustre (m)	မီးပန်းဆိုင်း	mi: ban: zain:
pied (m) (~ de la table)	ခြေထောက်	chei htau'
accoudoir (m)	လက်တန်း	le' tan:
dossier (m)	နောက်မှီ	nau' mi
tiroir (m)	အံဆွဲ	an. zwe:

70. La literie

linge (m) de lit	အိပ်ရာခင်းများ	ei' ja khin: mja:
oreiller (m)	ခေါင်းအုံး	gaun: oun:
taie (f) d'oreiller	ခေါင်းစွပ်	gaun: zu'
couverture (f)	စောင်	saun
drap (m)	အိပ်ရာခင်း	ei' ja khin:
couvre-lit (m)	အိပ်ရာဖုံး	ei' ja hpoun:

71. La cuisine

cuisine (f)	မီးဖိုခန်း	mi: bou gan:
gaz (m)	ဓာတ်ငွေ့	da' ngwei.
cuisinière (f) à gaz	ဂတ်စ်မီးဖို	ga' s mi: bou
cuisinière (f) électrique	လျှပ်စစ်မီးဖို	hlja' si' si: bou
four (m)	မုန့်ဖုတ်ရန်ဖို	moun. bou' jan bou
four (m) micro-ondes	မိုက်ခရိုဝေ့ဗ်	mou' kha. jou wei. b
réfrigérateur (m)	ရေခဲသေတ္တာ	je ge: dhi' ta
congélateur (m)	ရေခဲခန်း	jei ge: gan:
lave-vaisselle (m)	ပန်းကန်ဆေးစက်	bagan: zei: ze'
hachoir (m) à viande	အသားကြိတ်စက်	atha: kjei za'
centrifugeuse (f)	အသီးဖျော်စက်	athi: hpjo ze'
grille-pain (m)	ပေါင်မုန့်ကင်စက်	paun moun. gin ze'
batteur (m)	မွှေစက်	hmwei ze'
machine (f) à café	ကော်ဖီဖျော်စက်	ko hpi hpjo ze'
cafetière (f)	ကော်ဖီအိုး	ko hpi ou:
moulin (m) à café	ကော်ဖီကြိတ်စက်	ko hpi kjei ze'
bouilloire (f)	ရေနွေးကျရားအိုး	jei nwei: gaja: ou:
théière (f)	လက်ဘက်ရည်အိုး	le' be' ji ou:
couvercle (m)	အိုးအဖုံး	ou: ahpoun:
passoire (f) à thé	လက်ဖက်ရည်စစ်	le' hpe' ji zi'
cuillère (f)	ဇွန်း	zun:
petite cuillère (f)	လက်ဖက်ရည်ဇွန်း	le' hpe' ji zwan:
cuillère (f) à soupe	အရှဉ်သောက်ဇွန်း	aja: dhau' zun:
fourchette (f)	ခက်ရင်း	khajin:
couteau (m)	ဓား	da:

vaisselle (f)	အိုးခွက်ပန်းကန်	ou: kwe' pan: gan
assiette (f)	ပန်းကန်ပြား	bagan: bja:
soucoupe (f)	အောက်ခံပန်းကန်ပြား	au' khan ban: kan pja:

verre (m) à shot	ဖန်ခွက်	hpan gwe'
verre (m) (~ d'eau)	ဖန်ခွက်	hpan gwe'
tasse (f)	ခွက်	khwe'

sucrier (m)	သကြားခွက်	dhagja: khwe'
salière (f)	ဆားဘူး	hsa: bu:
poivrière (f)	ပြွတ်ကောင်းဘူး	njou' kaun: bu:
beurrier (m)	ထောပတ်ခွက်	hto: ba' khwe'

casserole (f)	ပေါင်းအိုး	paun: ou:
poêle (f)	ဟင်းကြော်အိုး	hin: gjo ou:
louche (f)	ဟင်းခပ်ဇွန်း	hin: ga' zun
passoire (f)	ဆန်ခါ	zaga
plateau (m)	လင်ပန်း	lin ban:

bouteille (f)	ပုလင်း	palin:
bocal (m) (à conserves)	ဖန်ဘူး	hpan bu:
boîte (f) en fer-blanc	သံဘူး	than bu:

ouvre-bouteille (m)	ပုလင်းဖောက်တံ	pu. lin: bau' tan
ouvre-boîte (m)	သံဘူးဖောက်တံ	than bu: bau' tan
tire-bouchon (m)	ဝက်အူဖောက်တံ	we' u bau' dan
filtre (m)	ရေစစ်	jei zi'
filtrer (vt)	စစ်သည်	si' te

ordures (f pl)	အမှိုက်	ahmai'
poubelle (f)	အမှိုက်ပုံး	ahmai' poun:

72. La salle de bains

salle (f) de bains	ရေချိုးခန်း	jei gjou gan:
eau (f)	ရေ	jei
robinet (m)	ရေပိုက်ခေါင်း	jei bai' khaun:
eau (f) chaude	ရေပူ	jei bu
eau (f) froide	ရေအေး	jei ei:

dentifrice (m)	သွားတိုက်ဆေး	thwa: tai' hsei:
se brosser les dents	သွားတိုက်သည်	thwa: tai' te
brosse (f) à dents	သွားတိုက်တံ	thwa: tai' tan

se raser (vp)	ရိတ်သည်	jei' te
mousse (f) à raser	မုတ်ဆိတ်ရိတ်သုံးဆပ်ပြာမြုပ်	mou' hsei' jei' thoun: za' pja hmjou'
rasoir (m)	သင်တုန်းဓား	thin toun: da:

laver (vt)	ဆေးသည်	hsei: de
se laver (vp)	ရေချိုးသည်	jei gjou: de
douche (f)	ရေပန်း	jei ban:
prendre une douche	ရေချိုးသည်	jei gjou: de
baignoire (f)	ရေချိုးကန်	jei gjou: gan

cuvette (f)	အိမ်သာ	ein dha
lavabo (m)	လက်ဆေးကန်	le' hsei: kan
savon (m)	ဆပ်ပြာ	hsa' pja
porte-savon (m)	ဆပ်ပြာခွက်	hsa' pja gwe'
éponge (f)	ရေမြှုပ်	jei hmjou'
shampooing (m)	ခေါင်းလျှော်ရည်	gaun: sho je
serviette (f)	တဘက်	tabe'
peignoir (m) de bain	ရေချိုးခန်းဝတ်စုံ	jei gjou: gan: wu' soun
lessive (f) (faire la ~)	အဝတ်လျှော်ခြင်း	awu' sho gjin
machine (f) à laver	အဝတ်လျှော်စက်	awu' sho ze'
faire la lessive	ဒိုဘီလျှော်သည်	dou bi jo de
lessive (f) (poudre)	အဝတ်လျှော်ဆပ်ပြာမှုန့်	awu' sho hsa' pja hmun.

73. Les appareils électroménagers

téléviseur (m)	ရုပ်မြင်သံကြားစက်	jou' mjin dhan gja: ze'
magnétophone (m)	အသံသွင်းစက်	athan dhwin: za'
magnétoscope (m)	ဗီဒီယိုပြစက်	bi di jou bja. ze'
radio (f)	ရေဒီယို	rei di jou
lecteur (m)	ပလေယာစက်	pa. lei ja ze'
vidéoprojecteur (m)	ဗီဒီယိုပရိုဂျက်တာ	bi di jou pa. jou gje' da
home cinéma (m)	အိမ်တွင်းရုပ်ရှင်ခန်း	ein dwin: jou' shin gan:
lecteur DVD (m)	ဒီဗီဒီပလေယာ	di bi di ba lei ja
amplificateur (m)	အသံချဲ့စက်	athan che. zek
console (f) de jeux	ဂိမ်းခလုတ်	gein: kha lou'
caméscope (m)	ဗွီဒီယိုကင်မရာ	bwi di jou kin ma. ja
appareil (m) photo	ကင်မရာ	kin ma. ja
appareil (m) photo numérique	ဒီဂျစ်တယ်ကင်မရာ	digji' te gin ma. ja
aspirateur (m)	ဖုန်စုပ်စက်	hpoun zou' se'
fer (m) à repasser	မီးပူ	mi: bu
planche (f) à repasser	မီးပူတိုက်ရန်စင်	mi: bu tai' jan zin
téléphone (m)	တယ်လီဖုန်း	te li hpoun:
portable (m)	မိုဘိုင်းဖုန်း	mou bain: hpoun:
machine (f) à écrire	လက်နှိပ်စက်	le' hnei' se'
machine (f) à coudre	အပ်ချုပ်စက်	a' chou' se'
micro (m)	စကားပြောခွက်	zaga: bjo: gwe'
écouteurs (m pl)	နားကြပ်	na: kja'
télécommande (f)	အဝေးထိန်းကိရိယာ	awei: htin: ki. ja. ja
CD (m)	စီဒီပြား	si di bja:
cassette (f)	တိပ်ခွေ	tei' khwei
disque (m) (vinyle)	ရှေးခေတ်သုံးဓာတ်ပြား	shei: gi' thoun da' pja:

LA TERRE. LE TEMPS

74. L'espace cosmique

cosmos (m)	အာကာသ	akatha.
cosmique (adj)	အာကာသနှင့်ဆိုင်သော	akatha. hnin zain dho:
espace (m) cosmique	အာကာသဟင်းလင်းပြင်	akatha. hin: lin: bjin

monde (m)	ကမ္ဘာ	ga ba
univers (m)	စကြဝဠာ	sa kja wa. la
galaxie (f)	ကြယ်စုတန်း	kje zu. dan:

| étoile (f) | ကြယ် | kje |
| constellation (f) | ကြယ်နက္ခတ်စု | kje ne' kha' zu. |

| planète (f) | ဂြိုဟ် | gjou |
| satellite (m) | ဂြိုဟ်ငယ် | gjou nge |

météorite (m)	ဥက္ကာခဲ	ou' ka ge:
comète (f)	ကြယ်တံခွန်	kje dagun
astéroïde (m)	ဂြိုဟ်သိမ်ဂြိုဟ်မွှား	gjou dhein gjou hmwa:

orbite (f)	ပတ်လမ်း	pa' lan:
tourner (vi)	လည်သည်	le de
atmosphère (f)	လေထု	lei du.

Soleil (m)	နေ	nei
système (m) solaire	နေစကြဝဠာ	nei ze kja. wala
éclipse (f) de soleil	နေကြတ်ခြင်း	nei gja' chin:

| Terre (f) | ကမ္ဘာလုံး | ga ba loun: |
| Lune (f) | လ | la. |

Mars (m)	အင်္ဂါဂြိုဟ်	in ga gjou
Vénus (f)	သောကြာဂြိုဟ်	thau' kja gjou'
Jupiter (m)	ကြာသပတေးဂြိုဟ်	kja dha ba. dei: gjou'
Saturne (m)	စနေဂြိုဟ်	sanei gjou'

Mercure (m)	ဗုဒ္ဓဟူးဂြိုဟ်	bou' da. gjou'
Uranus (m)	ယူရေးနပ်ဂြိုဟ်	ju rei: na' gjou
Neptune	နက်ပကျွန်းဂြိုဟ်	ne' pa. gjun: gjou
Pluton (m)	ပလူတိုဂြိုဟ်	pa lu tou gjou '

la Voie Lactée	နဂါးငွေ့ကြယ်စုတန်း	na. ga: ngwe. gje zu dan:
la Grande Ours	မြောက်ဝိုင်းဂရိတ်ဘဲးရ်ကြယ်စု	mjau' pain: gajei' be:j gje zu.
la Polaire	ဇွဲကြယ်	du wan gje

martien (m)	အင်္ဂါဂြိုဟ်သား	in ga gjou dha:
extraterrestre (m)	အခြားကမ္ဘာဂြိုဟ်သား	apja: ga ba gjou dha
alien (m)	ဂြိုဟ်သား	gjou dha:

soucoupe (f) volante	ပန်းကန်ပြားပျံ	bagan: bja: bjan
vaisseau (m) spatial	အာကာသယာဉ်	akatha. jin
station (f) orbitale	အာကာသစခန်း	akatha. za khan:
lancement (m)	လွှတ်တင်ခြင်း	hlu' tin gjin:

moteur (m)	အင်ဂျင်	in gjin
tuyère (f)	နော်ဇယ်	no ze
carburant (m)	လောင်စာ	laun za

| cabine (f) | လေယာဉ်မောင်းအခန်း | lei jan maun akhan: |
| antenne (f) | အင်တန်နာတိုင် | in tan na tain |

hublot (m)	ပြတင်း	badin:
batterie (f) solaire	နေရောင်ခြည်သုံးဘက်ထရီ	nei jaun gje dhoun: ba' hta ji
scaphandre (m)	အာကာသဝတ်စုံ	akatha. wu' soun

| apesanteur (f) | အလေးဆိန်ကင်းမဲ့ခြင်း | alei: gjein gin: me. gjin: |
| oxygène (m) | အောက်ဆီဂျင် | au' hsi gjin |

| arrimage (m) | အာကာသထဲချိတ်ဆက်ခြင်း | akatha. hte: chei' hse' chin: |
| s'arrimer à … | အာကာသထဲချိတ်ဆက်သည် | akatha. hte: chei' hse' te |

| observatoire (m) | နက္ခတ်မျှော်စင် | ne' kha' ta. mjo zin |
| télescope (m) | အဝေးကြည့်မှန်ပြောင်း | awei: gji. hman bjaun: |

| observer (vt) | လေ့လာကြည့်ရှုသည် | lei. la kji. hju. de |
| explorer (un cosmos) | သုတေသနပြုသည် | thu. tei thana bjou de |

75. La Terre

Terre (f)	ကမ္ဘာမြေကြီး	ga ba mjei kji:
globe (m) terrestre	ကမ္ဘာလုံး	ga ba loun:
planète (f)	ဂြိုဟ်	gjou

atmosphère (f)	လေထု	lei du.
géographie (f)	ပထဝီဝင်	pahtawi win
nature (f)	သဘာဝ	tha. bawa

globe (m) de table	ကမ္ဘာလုံး	ga ba loun:
carte (f)	မြေပုံ	mjei boun
atlas (m)	မြေပုံစာအုပ်	mjei boun za ou'

| Europe (f) | ဥရောပ | u. jo: pa |
| Asie (f) | အာရှ | a sha. |

| Afrique (f) | အာဖရိက | apha. ri. ka. |
| Australie (f) | သြစတြေးလျှ | thja za djei: lja |

Amérique (f)	အမေရိက	amei ji ka
Amérique (f) du Nord	မြောက်အမေရိက	mjau' amei ri. ka.
Amérique (f) du Sud	တောင်အမေရိက	taun amei ri. ka.

| l'Antarctique (m) | အန္တာတိတ် | anta di' |
| l'Arctique (m) | အာတိတ် | a tei' |

76. Les quatre parties du monde

nord (m)	မြောက်အရပ်	mjau' aja'
vers le nord	မြောက်ဘက်သို့	mjau' be' thou.
au nord	မြောက်ဘက်မှာ	mjau' be' hma
du nord (adj)	မြောက်အရပ်နှင့်ဆိုင်သော	mjau' aja' hnin. zain de.
sud (m)	တောင်အရပ်	taun aja'
vers le sud	တောင်ဘက်သို့	taun be' thou.
au sud	တောင်ဘက်မှာ	taun be' hma
du sud (adj)	တောင်အရပ်နှင့်ဆိုင်သော	taun aja' hnin. zain de.
ouest (m)	အနောက်အရပ်	anau' aja'
vers l'occident	အနောက်ဘက်သို့	anau' be' thou.
à l'occident	အနောက်ဘက်မှာ	anau' be' hma
occidental (adj)	အနောက်အရပ်နှင့်ဆိုင်သော	anau' aja' hnin. zain dho:
est (m)	အရှေ့အရပ်	ashei. aja'
vers l'orient	အရှေ့ဘက်သို့	ashei. be' hma
à l'orient	အရှေ့ဘက်မှာ	ashei. be' hma
oriental (adj)	အရှေ့အရပ်နှင့်ဆိုင်သော	ashei. aja' hnin. zain de.

77. Les océans et les mers

mer (f)	ပင်လယ်	pin le
océan (m)	သမုဒ္ဒရာ	thamou' daja
golfe (m)	ပင်လယ်ကွေ့	pin le gwe.
détroit (m)	ရေလက်ကြား	jei le' kja:
terre (f) ferme	ကုန်းမြေ	koun: mei
continent (m)	တိုက်	tai'
île (f)	ကျွန်း	kjun:
presqu'île (f)	ကျွန်းဆွယ်	kjun: zwe
archipel (m)	ကျွန်းစု	kjun: zu.
baie (f)	အော်	o
port (m)	သင်္ဘောဆိပ်ကမ်း	thin: bo: zei' kan:
lagune (f)	ပင်လယ်တုံးအိုင်	pin le doun: ain
cap (m)	အငူ	angu
atoll (m)	သန္တာကျောက်တန်းကျွန်းငယ်	than da gjau' tan: gjun: nge
récif (m)	ကျောက်တန်း	kjau' tan:
corail (m)	သန္တာကောင်	than da gaun
récif (m) de corail	သန္တာကျောက်တန်း	than da gjau' tan:
profond (adj)	နက်သော	ne' te.
profondeur (f)	အနက်	ane'
abîme (m)	ချောက်နက်ကြီး	chau' ne' kji:
fosse (f) océanique	မြောင်း	mjaun:
courant (m)	စီးကြောင်း	si: gaun:
baigner (vt) (mer)	ဝိုင်းသည်	wain: de

| littoral (m) | ကမ်းစပ် | kan: za' |
| côte (f) | ကမ်းခြေ | kan: gjei |

marée (f) haute	ရေတက်	jei de'
marée (f) basse	ရေကျ	jei gja.
banc (m) de sable	သောင်စွယ်	thaun zwe
fond (m)	ကြမ်းပြင်	kan: pjin

vague (f)	လှိုင်း	hlain:
crête (f) de la vague	လှိုင်းခေါင်းဖျူ	hlain: gaun: bju.
mousse (f)	အမြှုပ်	a hmjou'

tempête (f) en mer	မုန်တိုင်း	moun dain:
ouragan (m)	ဟာရီကိန်းမုန်တိုင်း	ha ji gain: moun dain:
tsunami (m)	ဆူနာမီ	hsu na mi
calme (m)	ရေသော	jei dhei
calme (tranquille)	ငြိမ်သက်အေးဆေးသော	njein dhe' ei: zei: de.

| pôle (m) | ဝင်ရိုးစွန်း | win jou: zun |
| polaire (adj) | ဝင်ရိုးစွန်းနှင့်ဆိုင်သော | win jou: zun hnin. zain de. |

latitude (f)	လတ္တီတွဒ်	la' ti. tu'
longitude (f)	လောင်ဂျီတွဒ်	laun gji twa'
parallèle (f)	လတ္တီတွဒ်မျဉ်း	la' ti. tu' mjin:
équateur (m)	အီကွေတာ	i kwei: da

ciel (m)	ကောင်းကင်	kaun: gin
horizon (m)	မိုးကုပ်စက်ဝိုင်း	mou kou' se' wain:
air (m)	လေထု	lei du.

phare (m)	မီးပြတိုက်	mi: bja dai'
plonger (vi)	ရေငုပ်သည်	jei ngou' te
sombrer (vi)	ရေမြုပ်သည်	jei mjou' te
trésor (m)	ရတနာ	jadana

78. Les noms des mers et des océans

océan (m) Atlantique	အတ္တလန္တိတ် သမုဒ္ဒရာ	a' ta. lan ti' thamou' daja
océan (m) Indien	အိန္ဒိယ သမုဒ္ဒရာ	indi. ja thamou. daja
océan (m) Pacifique	ပစိဖိတ် သမုဒ္ဒရာ	pa. si. hpi' thamou' daja
océan (m) Glacial	အာတိတ် သမုဒ္ဒရာ	a tei' thamou' daja

mer (f) Noire	ပင်လယ်နက်	pin le ne'
mer (f) Rouge	ပင်လယ်နီ	pin le ni
mer (f) Jaune	ပင်လယ်ဝါ	pin le wa
mer (f) Blanche	ပင်လယ်ဖြူ	pin le bju

mer (f) Caspienne	ကက်စပီယန် ပင်လယ်	ke' za. pi jan pin le
mer (f) Morte	ပင်လယ်သေ	pin le dhe:
mer (f) Méditerranée	မြေထဲပင်လယ်	mjei hte: bin le

mer (f) Égée	အေဂျီယန်းပင်လယ်	ei gi jan: bin le
mer (f) Adriatique	အဒရီရာတစ်ပင်လယ်	a da yi ya ti' pin le
mer (f) Arabique	အာရေဗီးယန်း ပင်လယ်	a ra bi: an: bin le

mer (f) du Japon	ဂျပန် ပင်လယ်	gja pan pin le
mer (f) de Béring	ဘယ်ရင်း ပင်လယ်	be jin: bin le
mer (f) de Chine Méridionale	တောင်တရုတ်ပင်လယ်	taun dajou' pinle
mer (f) de Corail	ကော်ရယ်လ်ပင်လယ်	ko je l pin le
mer (f) de Tasman	တက်စမန်းပင်လယ်	te' sa. man: bin le
mer (f) Caraïbe	ကာရေးဘီးယန်းပင်လယ်	ka rei: bi: jan: bin le
mer (f) de Barents	ဘာရန့်စ် ပင်လယ်	ba jan's bin le
mer (f) de Kara	ကာရာ ပင်လယ်	kara bin le
mer (f) du Nord	မြောက်ပင်လယ်	mjau' pin le
mer (f) Baltique	ဘောလ်တစ်ပင်လယ်	bo' l ti' pin le
mer (f) de Norvège	နော်ဝေးဂျီယန်း ပင်လယ်	no wei: bin le

79. Les montagnes

montagne (f)	တောင်	taun
chaîne (f) de montagnes	တောင်တန်း	taun dan:
crête (f)	တောင်ကြော	taun gjo:
sommet (m)	ထိပ်	htei'
pic (m)	တောင်ထွတ်	taun htu'
pied (m)	တောင်ခြေ	taun gjei
pente (f)	တောင်စောင်း	taun zaun:
volcan (m)	မီးတောင်	mi: daun
volcan (m) actif	မီးတောင်ရှင်	mi: daun shin
volcan (m) éteint	မီးငြိမ်းတောင်	mi: njein: daun
éruption (f)	မီးတောင်ပေါက်ကွဲခြင်း	mi: daun pau' kwe: gjin:
cratère (m)	မီးတောင်ဝ	mi: daun wa.
magma (m)	ကျောက်ရည်ပူ	kjau' ji bu
lave (f)	ချော်ရည်	cho ji
en fusion (lave ~)	အရည်ပူသော	ajam: bu de.
canyon (m)	တောင်ကြားချိုင့်ဝှမ်းနက်	taun gja: gjain. hwan: ne'
défilé (m) (gorge)	တောင်ကြား	taun gja:
crevasse (f)	အက်ကွဲကြောင်း	e' kwe: gjaun:
précipice (m)	ချောက်ကမ်းပါး	chau' kan: ba:
col (m) de montagne	တောင်ကြားလမ်း	taun gja: lan:
plateau (m)	ကုန်းပြင်မြင့်	koun: bjin mjin:
rocher (m)	ကျောက်တောင်	kjau' hsain
colline (f)	တောင်ကုန်း	taun goun:
glacier (m)	ရေခဲမြစ်	jei ge: mji'
chute (f) d'eau	ရေတံခွန်	jei dan khun
geyser (m)	ရေပူစမ်း	jei bu zan:
lac (m)	ရေကန်	jei gan
plaine (f)	မြေပြန့်	mjei bjan:
paysage (m)	ရှုခင်း	shu. gin:
écho (m)	ပဲ့တင်သံ	pe. din than

alpiniste (m)	တောင်တက်သမား	taun de' thama:
varappeur (m)	ကျောက်တောင်တက်သမား	kjau' taun de dha ma:
conquérir (vt)	အောင်နိုင်သူ	aun nain dhu
ascension (f)	တောင်တက်ခြင်း	taun de' chin:

80. Les noms des chaînes de montagne

Alpes (f pl)	အဲလ်ပ်တောင်	e.lp daun
Mont Blanc (m)	မောင့်ဘလန့်တောင်	maun. ba. lan. s taun
Pyrénées (f pl)	ပိရန်းနီးစ်တောင်	pi jan: ni:s taun
Carpates (f pl)	ကာပသီယန်စ်တောင်	ka pa. dhi jan s taun
Monts Oural (m pl)	ယူရယ်တောင်တန်း	ju re daun dan:
Caucase (m)	ကော့ကေးဇစ်တောင်တန်း	ko: kei: zi' taun dan:
Elbrous (m)	အယ်ဘရတ်စ်တောင်	e ba. ja's daun
Altaï (m)	အယ်လတိုင်တောင်	e la. tain daun
Tian Chan (m)	တိုင်ယန်ရှန်းတောင်	tain jan shin: daun
Pamir (m)	ပါမီယာတောင်တန်း	pa mi ja daun dan:
Himalaya (m)	ဟိမဝန္တာတောင်တန်း	hi. ma. wan da daun dan:
Everest (m)	ဝဝရတ်တောင်	ei wa. ja' taun
Andes (f pl)	အန်ဒီတောင်တန်း	an: di daun dan:
Kilimandjaro (m)	ကီလီမန်ဂျာဝိုတောင်	ki li man gja gou daun

81. Les fleuves

rivière (f), fleuve (m)	မြစ်	mji'
source (f)	စမ်း	san:
lit (m) (d'une rivière)	ရေကြောစီးကြောင်း	jei gjo: zi: gjaun:
bassin (m)	မြစ်ချိုင့်ဝှမ်း	mji' chain. hwan:
se jeter dans …	စီးဝင်သည်	si: win de
affluent (m)	မြစ်လက်တက်	mji' le' te'
rive (f)	ကမ်း	kan:
courant (m)	စီးကြောင်း	si: gaun:
en aval	ရေရုန်	jei zoun
en amont	ရေဆန်	jei zan
inondation (f)	ရေကြီးမှု	jei gji: hmu.
les grandes crues	ရေလျှံခြင်း	jei shan gjin:
déborder (vt)	လျှံသည်	shan de
inonder (vt)	ရေလွှမ်းသည်	jei hlwan: de
bas-fond (m)	ရေတိမ်ပိုင်း	jei dein bain:
rapide (m)	ရေအောက်ကျောက်ဆောင်	jei au' kjau' hsaun
barrage (m)	ဆည်	hse
canal (m)	တူးမြောင်း	tu: mjaun:
lac (m) de barrage	ရေလှောင်ကန်	jei hlaun gan
écluse (f)	ရေလွှဲပေါက်	jei hlwe: bau'

plan (m) d'eau	ရေထု	jei du.
marais (m)	ရှိ့ ညွန်	shwan njun
fondrière (f)	စိုမြေ	sein. mjei
tourbillon (m)	ရေဝဲ	jei we:
ruisseau (m)	ချောင်းကလေး	chaun: galei:
potable (adj)	သောက်ရေ	thau' jei
douce (l'eau ~)	ရေချို	jei gjou
glace (f)	ရေခဲ	jei ge:
être gelé	ရေခဲသည်	jei ge: de

82. Les noms des fleuves

Seine (f)	စိန်မြစ်	sein mji'
Loire (f)	လောရှမြစ်	lo ji mji'
Tamise (f)	သိမ်းမြစ်	thain: mji'
Rhin (m)	ရိုင်းမြစ်	rain: mji'
Danube (m)	ဒင်နယုမြစ်	din na. ju mji'
Volga (f)	ဗော်လဂါမြစ်	bo la. ga mja'
Don (m)	ဒွန်မြစ်	dun mja'
Lena (f)	လီနာမြစ်	li na mji'
Huang He (m)	မြစ်ဝါ	mji' wa
Yangzi Jiang (m)	ရန်ဇီးမြစ်	jan zi: mji'
Mékong (m)	မဲခေါင်မြစ်	me: gaun mji'
Gange (m)	ဂင်္ဂါမြစ်	gan ga. mji'
Nil (m)	နိုင်းမြစ်	nain: mji'
Congo (m)	ကွန်ဂိုမြစ်	kun gou mji'
Okavango (m)	အိုကာဗန်ဂိုမြစ်	ai' hou ban
Zambèze (m)	ဇမ်ဘီဇီးမြစ်	zan bi zi: mji'
Limpopo (m)	လင်ပိုပိုမြစ်	lin po pou mji'
Mississippi (m)	မစ်စစ္စပီမြစ်	mi' si. si. pi. mji'

83. La forêt

forêt (f)	သစ်တော	thi' to:
forestier (adj)	သစ်တောနှင့်ဆိုင်သော	thi' to: hnin. zain de.
fourré (m)	ထူထပ်သောတော	htu da' te. do:
bosquet (m)	သစ်ပင်အုပ်	thi' pin ou'
clairière (f)	တောတွင်းလဟာပြင်	to: dwin: la. ha bjin
broussailles (f pl)	ချုံပိတ်ပေါင်း	choun bei' paun:
taillis (m)	ချုံထနောင်းတော	choun hta naun: de.
sentier (m)	လူသွားလမ်းကလေး	lu dhwa: lan: ga. lei:
ravin (m)	လှို့	shou
arbre (m)	သစ်ပင်	thi' pin

| feuille (f) | သစ်ရွက် | thi' jwe' |
| feuillage (m) | သစ်ရွက်များ | thi' jwe' mja: |

chute (f) de feuilles	သစ်ရွက်ကြွေခြင်း	thi' jwe' kjwei gjin:
tomber (feuilles)	သစ်ရွက်ကြွေသည်	thi' jwe' kjwei de
sommet (m)	အဖျား	ahpja:

rameau (m)	အကိုင်းခွဲ	akain: khwe:
branche (f)	ပင်မကိုင်း	pin ma. gain:
bourgeon (m)	အဖူး	ahpu:
aiguille (f)	အစွန်နှင့်တူသောအရွက်	a' hnin. bu de. ajwe'
pomme (f) de pin	ထင်းရှူးသီး	htin: shu: dhi:

creux (m)	အခေါင်းဖေပါက်	akhaun: bau'
nid (m)	ငှက်သိုက်	hnge' thai'
terrier (m) (~ d'un renard)	မြေတွင်း	mjei dwin:

tronc (m)	ပင်စည်	pin ze
racine (f)	အမြစ်	amji'
écorce (f)	သစ်ခေါက်	thi' khau'
mousse (f)	ရေညှိ	jei hnji.

déraciner (vt)	အမြစ်မှဆွဲနုတ်သည်	amji' hma zwe: hna' te
abattre (un arbre)	ခုတ်သည်	khou' te
déboiser (vt)	တောပြုန်းစေသည်	to: bjoun: zei de
souche (f)	သစ်ငုတ်တို	thi' ngou' tou

feu (m) de bois	မီးပုံ	mi: boun
incendie (m)	မီးလောင်ခြင်း	mi: laun gjin:
éteindre (feu)	မီးသတ်သည်	mi: tha' de

garde (m) forestier	တောခေါင်း	to: gaun:
protection (f)	သစ်တောဝန်ထမ်း	thi' to: wun dan:
protéger (vt)	ထိန်းသိမ်းစောင့်ရှောက်သည်	htein: dhein: zaun. shau' te
braconnier (m)	ရိုးယူသူ	khou' ju dhu
piège (m) à mâchoires	သံမဏိထောင်ချောက်	than mani. daun gjau'

cueillir (champignons)	ဆွတ်သည်	hsu' te
cueillir (baies)	ခူးသည်	khu: de
s'égarer (vp)	လမ်းပျောက်သည်	lan: bjau' de

84. Les ressources naturelles

ressources (f pl) naturelles	သယံဇာတ	thajan za da.
minéraux (m pl)	တွင်းထွက်ပစ္စည်း	twin: htwe' pji' si:
gisement (m)	နံ	noun:
champ (m) (~ pétrolifère)	ဒာတ်သတ္တုထွက်ရာမြေ	da' tha' tu dwe' ja mjei

extraire (vt)	တူးဖော်သည်	tu: hpo de
extraction (f)	တူးဖော်ခြင်း	tu: hpo gjin:
minerai (m)	သတ္တုရိုင်း	tha' tu. jain:
mine (f) (site)	သတ္တုတွင်း	tha' tu. dwin:
puits (m) de mine	မိုင်းတွင်း	main: dwin:
mineur (m)	သတ္တုတွင်း အလုပ်သမား	tha' tu. dwin: alou' thama:

gaz (m)	တာတ်ဓ္	da' ngwei.
gazoduc (m)	ဓါတ်ဓ္ဝ္ထုတ်လုပ်လိုင်း	da' ngwei. bou' lain:
pétrole (m)	ရေနံ	jei nan
pipeline (m)	ရေနံပိုက်လိုင်း	jei nan bou' lain:
tour (f) de forage	ရေနံတွင်း	jei nan dwin:
derrick (m)	ရေနံစင်	jei nan zin
pétrolier (m)	လောင်စာတင်သဘော်	laun za din dhin bo:
sable (m)	သဲ	the:
calcaire (m)	ထုံးကျောက်	htoun: gjau'
gravier (m)	ကျောက်စရစ်	kjau' sa. ji'
tourbe (f)	မြေဆွေးခဲ	mjei zwei: ge:
argile (f)	မြေစေး	mjei zei:
charbon (m)	ကျောက်မီးသွေး	kjau' mi dhwei:
fer (m)	သံ	than
or (m)	ရွှေ	shwei
argent (m)	ငွေ	ngwei
nickel (m)	နီကယ်	ni ke
cuivre (m)	ကြေးနီ	kjei: ni
zinc (m)	သွပ်	thu'
manganèse (m)	မဂ္ဂနီစ်	ma' ga. ni:s
mercure (m)	ပြဒါး	bada:
plomb (m)	ခဲ	khe:
minéral (m)	သတ္တုများ	tha' tu. za:
cristal (m)	သလင်းကျောက်	thalin: gjau'
marbre (m)	စကျင်ကျောက်	zagjin kjau'
uranium (m)	ယူရေနီယမ်	ju rei ni jan

85. Le temps

temps (m)	ရာသီဥတု	ja dhi nja. tu.
météo (f)	မိုးလေဝသသန်. မှန်းချက်	mou: lei wa. dha. gan. hman: gje'
température (f)	အပူချိန်	apu gjein
thermomètre (m)	သာမိုမီတာ	tha mou mi ta
baromètre (m)	လေဖိအားတိုင်းကိရိယာ	lei bi. a: dain: gi. ji. ja
humide (adj)	စိုထိုင်းသော	sou htain: de
humidité (f)	စိုထိုင်းမှု	sou htain: hmu.
chaleur (f) (canicule)	အပူရှိန်	apu shein
torride (adj)	ပူလောင်သော	pu laun de.
il fait très chaud	ပူလောင်ခြင်း	pu laun gjin:
il fait chaud	နွေးခြင်း	nwei: chin:
chaud (modérément)	နွေးသော	nwei: de.
il fait froid	အေးခြင်း	ei: gjin:
froid (adj)	အေးသော	ei: de.
soleil (m)	နေ	nei

briller (soleil)	သာသည်	tha de
ensoleillé (jour ~)	နေသာသော	nei dha de.
se lever (vp)	နေထွက်သည်	nei dwe' te
se coucher (vp)	နေဝင်သည်	nei win de
nuage (m)	တိမ်	tein
nuageux (adj)	တိမ်ထူသော	tein du de
nuée (f)	မိုးတိမ်	mou: dain
sombre (adj)	ညို့မှိုင်းသော	njou. hmain: de.
pluie (f)	မိုး	mou:
il pleut	မိုးရွာသည်	mou: jwa de.
pluvieux (adj)	မိုးရွာသော	mou: jwa de.
bruiner (v imp)	မိုးဖွဲဖွဲရွာသည်	mou: bwe: bwe: jwa de
pluie (f) torrentielle	သည်းထန်စွာရွာသောမိုး	thi: dan zwa jwa dho: mou:
averse (f)	မိုးပွဲနဲ	mou: bu. zain
forte (la pluie ~)	မိုးသည်းသော	mou: de: de.
flaque (f)	ရေအိုင်	jei ain
se faire mouiller	မိုးမိသည်	mou: mi de
brouillard (m)	မြူ	mju
brumeux (adj)	မြူထူထပ်သော	mju htu hta' te.
neige (f)	နှင်း	hnin:
il neige	နှင်းကျသည်	hnin: gja. de

86. Les intempéries. Les catastrophes naturelles

orage (m)	မိုးသက်မုန်တိုင်း	mou: dhe' moun dain:
éclair (m)	လျှပ်စီး	hlja' si:
éclater (foudre)	လျှပ်ပြက်သည်	hlja' pje' te
tonnerre (m)	မိုးကြိုး	mou: kjou:
gronder (tonnerre)	မိုးကြိုးပစ်သည်	mou: gjou: pi' te
le tonnerre gronde	မိုးကြိုးပစ်သည်	mou: gjou: pi' te
grêle (f)	မိုးသီး	mou: dhi:
il grêle	မိုးသီးကြွေသည်	mou: dhi: gjwei de
inonder (vt)	ရေကြီးသည်	jei gji: de
inondation (f)	ရေကြီးမှု	jei gji: hmu.
tremblement (m) de terre	လျှင်	nga ljin
secousse (f)	တုန်ခါရင်း	toun ga gjin:
épicentre (m)	လျှင်ဗဟိုချက်	nga ljin ba hou che'
éruption (f)	မီးတောင်ပေါက်ကွဲခြင်း	mi: daun pau' kwe: gjin:
lave (f)	ချော်ရည်	cho ji
tourbillon (m)	လေဆင်နှာမောင်း	lei zin hna maun:
tornade (f)	လေဆင်နှာမောင်း	lei zin hna maun:
typhon (m)	တိုင်ဖွန်းမုန်တိုင်း	tain hpun moun dain:
ouragan (m)	ဟာရိကိန်းမုန်တိုင်း	ha ji gain: moun dain:
tempête (f)	မုန်တိုင်း	moun dain:

tsunami (m)	ဆူနာမီ	hsu na mi
cyclone (m)	ဆိုင်ကလုန်းမုန်တိုင်း	hsain ga. loun: moun dain:
intempéries (f pl)	ဆိုးရွားသောရာသီဥတု	hsou: jwa: de. ja dhi u. tu.
incendie (m)	မီးလောင်ခြင်း	mi: laun gjin:
catastrophe (f)	ဘေးအန္တရာယ်	bei: an daje
météorite (m)	ဥက္ကာခဲ	ou' ka ge:
avalanche (f)	ရေခဲနှင့်ကျောက်တုံး	jei ge: hnin kjau' toun:
	များထိုးကျခြင်း	mja: htou: gja. gjin:
éboulement (m)	လေတိုက်ပြီးဖြစ်နေ	lei dou' hpji: bi' nei
	သောနင်းပုံ	dho: hnin: boun
blizzard (m)	နှင်းမုန်တိုင်း	hnin: moun dain:
tempête (f) de neige	နှင်းမုန်တိုင်း	hnin: moun dain:

LA FAUNE

87. Les mammifères. Les prédateurs

prédateur (m)	သားရဲ	tha: je:
tigre (m)	ကျား	kja:
lion (m)	ခြေသိုံ	chin dhei.
loup (m)	ဝံပုလွေ	wun bu. lwei
renard (m)	မြေခွေး	mjei gwei:
jaguar (m)	ဂျာဂွာကျားသစ်မျိုး	gja gwa gja: dhi' mjou:
léopard (m)	ကျားသစ်	kja: dhi'
guépard (m)	သစ်ကျွတ်	thi' kjou'
panthère (f)	ကျားသစ်နက်	kja: dhi' ne'
puma (m)	ပျူးမားတောင်ခြေသိုံ	pju. ma: daun gjin dhei.
léopard (m) de neiges	ရေခဲတောင်ကျားသစ်	jei ge: daun gja: dhi'
lynx (m)	လင့်ကြောင်မြီးတို	lin. gjaun mji: dou
coyote (m)	ဝံပုလွေငယ်တစ်မျိုး	wun bu. lwei nge di' mjou:
chacal (m)	ခွေးအ	khwei: a.
hyène (f)	ဟိုင်အီးနား	hain i: na:

88. Les animaux sauvages

animal (m)	တိရ္ဆာန်	tharei' hsan
bête (f)	ခြေလေးချောင်းသတ္တဝါ	chei lei: gjaun: dhadawa
écureuil (m)	ရှဉ့်	shin.
hérisson (m)	ဖြူကောင်	hpju gaun
lièvre (m)	တောယုန်ကြီး	to: joun gji:
lapin (m)	ယုန်	joun
blaireau (m)	ခွေးတူဝက်တူကောင်	khwei: du we' tu gaun
raton (m)	ရက်ကွန်းဝံ	je' kwan: wan
hamster (m)	မြီးတိုပါးတွဲကြွက်	mji: dou ba: dwe: gjwe'
marmotte (f)	မားမိုတ်ကောင်	ma: mou. t gaun
taupe (f)	ပွေး	pwei:
souris (f)	ကြွက်	kjwe'
rat (m)	မြေကြွက်	mjei gjwe'
chauve-souris (f)	လင်းနို့	lin: nou.
hermine (f)	အားမင်ကောင်	a: min gaun
zibeline (f)	ဆေဘယ်	hsei be
martre (f)	အသားစားအကောင်ငယ်	atha: za: akaun nge
belette (f)	သားစားဖျံ	tha: za: bjan
vison (m)	မင်ခံမွေပါ	min kh mjwei ba

castor (m)	ဖျံကြီးတစ်မျိုး	hpjan gji: da' mjou:
loutre (f)	ဖျံ	hpjan
cheval (m)	မြင်း	mjin:
élan (m)	ဦးချိုပြားသော သမင်ကြီး	u: gjou bja: dho: thamin gji:
cerf (m)	သမင်	thamin
chameau (m)	ကုလားအုတ်	kala: ou'
bison (m)	အမေရိကန်ပြောင်	amei ji kan pjaun
aurochs (m)	အောရက်စ်	o: re' s
buffle (m)	ကျွဲ	kjwe:
zèbre (m)	မြင်းကျား	mjin: gja:
antilope (f)	အပြေးမြန်သော တောဆိတ်	apjei: mjan de. hto: zei'
chevreuil (m)	ဒရယ်ငယ်တစ်မျိုး	da. je nge da' mjou:
biche (f)	ဒရယ်	da. je
chamois (m)	တောင်ဆိတ်	taun zei'
sanglier (m)	တောဝက်ထီး	to: we' hti:
baleine (f)	ဝေလငါး	wei la. nga:
phoque (m)	ပင်လယ်ဖျံ	pin le bjan
morse (m)	ဝါရပ်စ်ဖျံ	wo: ra's hpjan
ours (m) de mer	အမွေးပါသောပင် လယ်ဖျံ	amwei: pa dho: bin le hpjan
dauphin (m)	လင်းပိုင်	lin: bain
ours (m)	ဝက်ဝံ	we' wun
ours (m) blanc	ဝိုလာဝက်ဝံ	pou la we' wan
panda (m)	ပန်ဒါဝက်ဝံ	pan da we' wan
singe (m)	မျောက်	mjau'
chimpanzé (m)	ချင်ပင်ဇီမျောက်ဝံ	chin pin zi mjau' wan
orang-outang (m)	အော်ရန်အူတန်လူဝံ	o ran u tan lu wun
gorille (m)	ဂေါ်ရီလာမျောက်ဝံ	go ji la mjau' wun
macaque (m)	မာကာဂွေမျောက်	ma ga gwei mjau'
gibbon (m)	မျောက်လွှဲကျော်	mjau' hlwe: gjo
éléphant (m)	ဆင်	hsin
rhinocéros (m)	ကြံ့	kjan.
girafe (f)	သစ်ကုလားအုတ်	thi' ku. la ou'
hippopotame (m)	ရေမြင်း	jei mjin:
kangourou (m)	သားပိုက်ကောင်	tha: bai' kaun
koala (m)	ကိုအာလာဝက်ဝံ	kou a la we' wun
mangouste (f)	မွှေပါ	mwei ba
chinchilla (m)	ချင်းချီလာ	chin: chi la
mouffette (f)	စကန့်ခ်ဖျံ	sakan. kh hpjan
porc-épic (m)	ဖြူ	hpju

89. Les animaux domestiques

chat (m) (femelle)	ကြောင်	kjaun
chat (m) (mâle)	ကြောင်ထီး	kjaun di:
chien (m)	ခွေး	khwei:

cheval (m)	မြင်း	mjin:
étalon (m)	မြင်းထီး	mjin: di:
jument (f)	မြင်းမ	mjin: ma.

vache (f)	နွား	nwa:
taureau (m)	နွားထီး	nwa: di:
bœuf (m)	နွားထီး	nwa: di:

brebis (f)	သိုး	thou:
mouton (m)	သိုးထီး	thou: hti:
chèvre (f)	ဆိတ်	hsei'
bouc (m)	ဆိတ်ထီး	hsei' hti:

| âne (m) | မြည်း | mji: |
| mulet (m) | လား | la: |

cochon (m)	ဝက်	we'
pourceau (m)	ဝက်ကလေး	we' ka lei:
lapin (m)	ယုန်	joun

| poule (f) | ကြက် | kje' |
| coq (m) | ကြက်ဖ | kje' pha. |

canard (m)	ဘဲ	be:
canard (m) mâle	ဘဲထီး	be: di:
oie (f)	ဘဲငန်း	be: ngan:

| dindon (m) | ကြက်ဆင် | kje' hsin |
| dinde (f) | ကြက်ဆင် | kje' hsin |

animaux (m pl) domestiques	အိမ်မွေးတိရစ္ဆာန်များ	ein mwei: ti. ji. swan mja:
apprivoisé (adj)	ယဉ်ပါးသော	jin ba: de.
apprivoiser (vt)	ယဉ်ပါးစေသည်	jin ba: zei de
élever (vt)	သားပေါက်သည်	tha: bau' te

ferme (f)	စိုက်ပျိုးမွေးမြူရေးခြံ	sai' pjou: mwei: mju jei: gjan
volaille (f)	ကြက်ဌက်တိရစ္ဆာန်	kje' ti ji za hsan
bétail (m)	ကျွဲနွားတိရစ္ဆာန်	kjwe: nwa: tarei. zan
troupeau (m)	အုပ်	ou'

écurie (f)	မြင်းဇောင်း	mjin: zaun:
porcherie (f)	ဝက်ခြံ	we' khan
vacherie (f)	နွားတင်းကုပ်	nwa: din: gou'
cabane (f) à lapins	ယုန်အိမ်	joun ein
poulailler (m)	ကြက်လှောင်အိမ်	kje' hlaun ein

90. Les oiseaux

oiseau (m)	ငှက်	hnge'
pigeon (m)	ခို	khou
moineau (m)	စာကလေး	sa ga, lei:
mésange (f)	စာဝတီးငှက်	sa wadi: hnge'
pie (f)	ငှက်ကျား	hnge' kja:
corbeau (m)	ကျီးနက်	kji: ne'

corneille (f)	ကျီးကန်း	kji: kan:
choucas (m)	ဥရောပကျီးတစ်မျိုး	u. jo: pa gji: di' mjou:
freux (m)	ကျီးအ	kji: a.
canard (m)	ဘဲ	be:
oie (f)	ဘဲငန်း	be: ngan:
faisan (m)	ရစ်ငှက်	ji' hnge'
aigle (m)	လင်းယုန်	lin: joun
épervier (m)	သိမ်းငှက်	thain: hnge'
faucon (m)	အမဲလိုက်သိမ်းငှက်တစ်မျိုး	ame: lai' thein: hnge' ti' mjou:
vautour (m)	လင်းတ	lin: da.
condor (m)	တောင်အမေရိကလင်းတ	taun amei ri. ka. lin: da.
cygne (m)	ငန်း	ngan:
grue (f)	ငှက်ကုလား	hnge' ku. la:
cigogne (f)	ကျည်းဝင်စွပ်ငှက်	che gin zu' hnge'
perroquet (m)	ကြက်တူရွေး	kje' tu jwei:
colibri (m)	ငှက်ပိတုန်း	hnge' pi. doun:
paon (m)	ဥဒေါင်း	u. daun:
autruche (f)	ငှက်ကုလားအုတ်	hnge' ku. la: ou'
héron (m)	ဟာဝိငှက်	nga hi' hnge'
flamant (m)	ကြိုးကြားနီ	kjou: kja: ni
pélican (m)	ငှက်ကြီးဝမ်းပို	hnge' kji: wun bou
rossignol (m)	တေးဆိုငှက်	tei: hsou hnge'
hirondelle (f)	ပျံလွှား	pjan hlwa:
merle (m)	မြေလှူးငှက်	mjei lu: hnge'
grive (f)	တေးဆိုမြေလှူးငှက်	tei: hsou mjei lu: hnge'
merle (m) noir	ငှက်မည်း	hnge' mji:
martinet (m)	ပျံလွှားတစ်မျိုး	pjan hlwa: di' mjou:
alouette (f) des champs	ဘီလုံးငှက်	bi loun: hnge'
caille (f)	ငုံး	ngoun:
pivert (m)	သစ်တောက်ငှက်	thi' tau' hnge'
coucou (m)	ဥသျှ ငှက်	udhja hnge'
chouette (f)	ဇီးကွက်	zi: gwe
hibou (m)	သိမ်းငှက်အနွယ်ဝင်ဇီးကွက်	thain: hnge' anwe win zi: gwe'
tétras (m)	ရစ်	ji'
tétras-lyre (m)	ရစ်နက်	ji' ne'
perdrix (f)	ခါ	kha
étourneau (m)	ကျွတ်ရက်	kjwe: hse' je'
canari (m)	စာဝါငှက်	sa wa hnge'
gélinotte (f) des bois	ရစ်ညို	ji' njou
pinson (m)	စာကျွေခေါင်း	sa gjwe: gaun:
bouvreuil (m)	စာကျွေခေါင်းငှက်	sa gjwe: gaun: hngwe'
mouette (f)	စင်ရော်	sin jo
albatros (m)	ပင်လယ်စင်ရော်ကြီး	pin le zin jo gji:
pingouin (m)	ပင်ဝွင်း	pin gwin:

91. Les poissons. Les animaux marins

brème (f)	ငါးကြင်းတစ်မျိုး	nga: gjin: di' mjou
carpe (f)	ငါးကြင်း	nga gjin:
perche (f)	ငါးပြေမတစ်မျိုး	nga: bjei ma. di' mjou:
silure (m)	ငါးခူ	nga: gu
brochet (m)	ပိုက်ငါး	pai' nga

| saumon (m) | ဆော်လမွန်ငါး | hso: la. mun nga: |
| esturgeon (m) | စတာဂျင်ငါးကြီးမျိုး | sata gjin nga: gji: mjou: |

hareng (m)	ငါးသလောက်	nga: dha. lau'
saumon (m) atlantique	ဆော်လမွန်ငါး	hso: la. mun nga:
maquereau (m)	မက်ကရယ်ငါး	me' ka. je nga:
flet (m)	ဦးရောပ ငါးခွေး	u. jo: pa nga: gwe:
	လျှာတစ်မျိုး	sha di' mjou:

sandre (f)	ငါးပြေမအနွယ်	nga: bjei ma. anwe
	ဝင်ငါးတစ်မျိုး	win nga: di' mjou:
morue (f)	ငါးကြီးဆီထုတ်သောငါး	nga: gji: zi dou' de. nga:
thon (m)	တူနာငါး	tu na nga:
truite (f)	ထရောက်ငါး	hta. jau' nga:

anguille (f)	ငါးရှည်	nga: shin.
torpille (f)	ငါးလက်ထုံ	nga: le' htoun
murène (f)	ငါးရှည်ကြီးတစ်မျိုး	nga: shin. gji: da' mjou:
piranha (m)	အသားစားငါးငယ်တစ်မျိုး	atha: za: nga: nge ti' mjou:

requin (m)	ငါးမန်း	nga: man:
dauphin (m)	လင်းပိုင်	lin: bain
baleine (f)	ဝေလငါး	wei la. nga:

crabe (m)	ကကန်း	kanan:
méduse (f)	ငါးဖန်ခွက်	nga: hpan gwe'
pieuvre (f), poulpe (m)	ရေဘဝဲ	jei ba. we:

étoile (f) de mer	ကြယ်ငါး	kje nga:
oursin (m)	သိပြုပို	than ba. gjou'
hippocampe (m)	ရေနဂါး	jei naga:

huître (f)	ကမာကောင်	kama kaun
crevette (f)	ပုစွန်	bazun
homard (m)	ကျောက်ပုစွန်	kjau' pu. zun
langoustine (f)	ကျောက်ပုစွန်	kjau' pu. zun

92. Les amphibiens. Les reptiles

| serpent (m) | မြွေ | mwei |
| venimeux (adj) | အဆိပ်ရှိသော | ahsei' shi. de. |

vipère (f)	မြွေပွေး	mwei bwei:
cobra (m)	မြွေဟောက်	mwei hau'
python (m)	စပါးအုံးမြွေ	saba: oun: mwei

boa (m)	စပါးကြီးမြွေ	saba: gji: mwei
couleuvre (f)	မြက်ခေျာမြွေ	mje' sho: mwei
serpent (m) à sonnettes	ခလောက်ဆိုမြွေ	kha. lau' hswe: mwei
anaconda (m)	အနာကွန်ဒါမြွေ	ana kun da mwei

lézard (m)	တွားသွားသတ္တဝါ	twa: dhwa: tha' tawa
iguane (m)	ဖွတ်	hpu'
varan (m)	ပုတ်သင်	pou' thin
salamandre (f)	ရေပုတ်သင်	jei bou' thin
caméléon (m)	ပုတ်သင်ညို	pou' thin njou
scorpion (m)	ကင်းမြီးကောက်	kin: mji: kau'

tortue (f)	လိပ်	lei'
grenouille (f)	ဖား	hpa:
crapaud (m)	ဖားပြုပ်	hpa: bju'
crocodile (m)	မိကျောင်း	mi. kjaun:

93. Les insectes

insecte (m)	ပိုးမွား	pou: hmwa:
papillon (m)	လိပ်ပြာ	lei' pja
fourmi (f)	ပုရွက်ဆိတ်	pu. jwe' hsei'
mouche (f)	ယင်ကောင်	jin gaun
moustique (m)	ခြင်	chin
scarabée (m)	ပိုးတောင်မာ	pou: daun ma

guêpe (f)	နကျယ်ကောင်	na. gje gaun
abeille (f)	ပျား	pja:
bourdon (m)	ပိတုန်း	pi. doun:
œstre (m)	မှက်	hme'

araignée (f)	ပင့်ကု	pjin. gu
toile (f) d'araignée	ပင့်ကုအိမ်	pjin gu ein

libellule (f)	ပုစဉ်း	bazin
sauterelle (f)	နကောင်	hnan gaun
papillon (m)	ပိုးဖလံ	pou: ba. lan

cafard (m)	ပိုးဟပ်	pou: ha'
tique (f)	မွား	hmwa:
puce (f)	သန်း	than:
moucheron (m)	မှက်အသေးစား	hme' athei: za:

criquet (m)	ကျိုင်းကောင်	kjain: kaun
escargot (m)	ခရု	khaju.
grillon (m)	ပုရစ်	paji'
luciole (f)	ပိုးစုန်းကြူး	pou: zoun: gju:
coccinelle (f)	လေဒီဘတ်ပိုးတောင်မာ	lei di ba' pou: daun ma
hanneton (m)	အုန်းပိုး	oun: bou:

sangsue (f)	မျှော	hmjo.
chenille (f)	ပေါက်ဖက်	pau' hpe'
ver (m)	တီကောင်	ti gaun
larve (f)	ပိုးတုံးလုံး	pou: doun: loun:

LA FLORE

94. Les arbres

arbre (m)	သစ်ပင်	thi' pin
à feuilles caduques	ရွက်ပြုတ်	jwe' pja'
conifère (adj)	ထင်းရှူးပင်နှင့်ဆိုင်သော	htin: shu: bin hnin. zain de.
à feuilles persistantes	အဲဘားဂရင်းပင်	e ba: ga rin: bin
pommier (m)	ပန်းသီးပင်	pan: dhi: bin
poirier (m)	သစ်တော်ပင်	thi' to bin
merisier (m)	ချယ်ရီသီးအချိုပင်	che ji dhi: akjou bin
cerisier (m)	ချယ်ရီသီးအချဉ်ပင်	che ji dhi: akjin bin
prunier (m)	သီးပင်	hsi: bin
bouleau (m)	ဘုဇပတ်ပင်	bu. za. ba' pin
chêne (m)	ဝက်သစ်ချပင်	we' thi' cha. bin
tilleul (m)	လင်ဒန်ပင်	lin dan pin
tremble (m)	ပေါ့ပလာပင်တစ်မျိုး	po. pa. la bin di' mjou:
érable (m)	မေပယ်ပင်	mei pe bin
épicéa (m)	ထင်းရှူးပင်တစ်မျိုး	htin: shu: bin ti' mjou:
pin (m)	ထင်းရှူးပင်	htin: shu: bin
mélèze (m)	ကတောွ်ပုံထင်းရှူးပင်	ka dau. boun din: shu: pin
sapin (m)	ထင်းရှူးပင်တစ်မျိုး	htin: shu: bin ti' mjou:
cèdre (m)	သစ်ကတိုးပင်	thi' gadou: bin
peuplier (m)	ပေါ့ပလာပင်	po. pa. la bin
sorbier (m)	ရာအန်ပင်	ra an bin
saule (m)	မိုးမခပင်	mou: ma. ga. bin
aune (m)	အိုလ်ဒါပင်	oun da bin
hêtre (m)	ယင်းသစ်	jin: dhi'
orme (m)	အမ်ပင်	an bin
frêne (m)	အက်ရှ်အပင်	e' sh apin
marronnier (m)	သစ်အယ်ပင်	thi' e
magnolia (m)	တတိုင်းဟွေးပင်	ta tain: hmwei: bin
palmier (m)	ထန်းပင်	htan: bin
cyprès (m)	စိုက်ပရက်စ်ပင်	sai' pa. je's pin
palétuvier (m)	လမုပင်	la. mu. bin
baobab (m)	ကန္တာရပေါက်ပင်တစ်မျိုး	kan ta ja. bau' bin di' chju:
eucalyptus (m)	ယူကလစ်ပင်	ju kali' pin
séquoia (m)	ဆီကွိုလာပင်	hsi gwou la pin

95. Les arbustes

buisson (m)	ချုံပုတ်	choun bou'
arbrisseau (m)	ချုံ	choun

| vigne (f) | ဝပျစ် | zabji' |
| vigne (f) (vignoble) | ဝပျစ်ခြံ | zabji' chan |

framboise (f)	ရတ်စဘယ်ရီ	re' sa be ji
cassis (m)	ဘလက်ကားရန့်	ba. le' ka: jan.
groseille (f) rouge	အနီရောင်ဘယ်ရီသီး	ani jaun be ji dhi:
groseille (f) verte	ကုလားဆီးဖျူပင်	kala: zi: hpju pin

acacia (m)	အကေရှားပင်	akei sha: bin:
berbéris (m)	ဘားဘယ်ရီပင်	ba: be' ji bin
jasmin (m)	စံပယ်ပင်	san be bin

genévrier (m)	ဂျုနီပါပင်	gju ni ba bin
rosier (m)	နှင်းဆီခြုံ	hnin: zi gjun
églantier (m)	တောရိုင်းနှင်းဆီပင်	to: ein: hnin: zi bin

96. Les fruits. Les baies

| fruit (m) | အသီး | athi: |
| fruits (m pl) | အသီးများ | athi: mja: |

pomme (f)	ပန်းသီး	pan: dhi:
poire (f)	သစ်တော်သီး	thi' to dhi:
prune (f)	ဆီးသီး	hsi: dhi:

fraise (f)	စတော်ဘယ်ရီသီး	sato be ri dhi:
cerise (f)	ချယ်ရီရှင်သီး	che ji gjin dhi:
merise (f)	ချယ်ရီရှူးသီး	che ji gjou dhi:
raisin (m)	ဝပျစ်သီး	zabji' thi:

framboise (f)	ရတ်စဘယ်ရီ	re' sa be ji
cassis (m)	ဘလက်ကားရန့်	ba. le' ka: jan.
groseille (f) rouge	အနီရောင်ဘယ်ရီသီး	ani jaun be ji dhi:
groseille (f) verte	ကလားဆီးဖျူ	ka. la: his: hpju
canneberge (f)	ကရမ်ဘယ်ရီ	ka. jan be ji

orange (f)	လိမ္မော်သီး	limmo dhi:
mandarine (f)	ပျားလိမ္မော်သီး	pja: lein mo dhi:
ananas (m)	နာနတ်သီး	na na' dhi:
banane (f)	ငှက်ပျောသီး	hnge' pjo: dhi:
datte (f)	စွန်ပလွံသီး	sun palun dhi:

citron (m)	သံပုရိသီး	than bu. jou dhi:
abricot (m)	တရုတ်ဆီးသီး	jau' hsi: dhi:
pêche (f)	မက်မွန်သီး	me' mwan dhi:

| kiwi (m) | ကီဝီသီး | ki wi dhi |
| pamplemousse (m) | ကရိတ်ဖရုသီး | ga. ri' hpa. ju dhi: |

baie (f)	ဘယ်ရီသီး	be ji dhi:
baies (f pl)	ဘယ်ရီသီးများ	be ji dhi: mja:
airelle (f) rouge	အနီရောင်ဘယ်ရီသီးတစ်မျိုး	ani jaun be ji dhi: di: mjou:
fraise (f) des bois	စတော်ဘယ်ရီရိုင်း	sato be ri jain:
myrtille (f)	ဘီလီဘယ်ရီအသီး	bi' l be ji athi:

97. Les fleurs. Les plantes

| fleur (f) | ပန်း | pan: |
| bouquet (m) | ပန်းစည်း | pan: ze: |

rose (f)	နင်းဆီပန်း	hnin: zi ban:
tulipe (f)	ကျူးလစ်ပန်း	kju: li' pan:
oeillet (m)	ဇော်ဟွားပန်း	zo hmwa: bin:
glaïeul (m)	သစ္စာပန်း	thi' sa ban:

bleuet (m)	အပြာရောင်တောပန်းတစ်မျိုး	apja jaun dho ban: da' mjou:
campanule (f)	ခေါင်းရန်းအပြာပန်း	gaun: jan: apja ban:
dent-de-lion (f)	တောပန်းအဝါတစ်မျိုး	to: ban: awa ti' mjou:
marguerite (f)	မေၚို့ပန်း	mei. mjou. ban:

aloès (m)	ရှားစောင်းလက်ပတ်ပင်	sha: zaun: le' pa' pin
cactus (m)	ရှားစောင်းပင်	sha: zaun: bin
ficus (m)	ရော်ဘာပင်	jo ba bin

lis (m)	နင်းပန်း	hnin: ban:
géranium (m)	ကြေပန်းတစ်မျိုး	kjwei ban: da' mjou:
jacinthe (f)	ဗေဒါပန်း	bei da ba:

mimosa (m)	ထိကရုံကြီးပင်	hti. ga. joun: gji: bin
jonquille (f)	နားစိထက်ဖိပင်	na: zi ze's pin
capucine (f)	တောင်ကြာကလေး	taun gja galei:

orchidée (f)	သစ်ခွပင်	thi' khwa. bin
pivoine (f)	စန္ဒပန်း	san dapan:
violette (f)	ဗိုင်းအိုးလက်	bain: ou le'

pensée (f)	ပေါင်ဒါပန်း	paun da ban:
myosotis (m)	ခင်မမေ့ပန်း	khin ma. mei. pan:
pâquerette (f)	ဒေစိပန်း	dei zi bin

coquelicot (m)	ဘိန်းပင်	bin: bin
chanvre (m)	ဆေးခြောက်ပင်	hsei: chau' pin
menthe (f)	ပူစိနံ	pu zi nan

| muguet (m) | နင်းပန်းတစ်မျိုး | hnin: ban: di' mjou: |
| perce-neige (f) | နင်းခေါင်းလောင်းပန်း | hnin: gaun: laun: ban: |

ortie (f)	ဖက်ယားပင်	hpe' ja: bin
oseille (f)	မှော်ရှဉ့်ပင်	hmjo gji bin
nénuphar (m)	ကြာ	kja
fougère (f)	ဖန်းပင်	hpan: bin
lichen (m)	သစ်ကပ်မှော်	thi' ka' hmo

serre (f) tropicale	ဖန်လုံအိမ်	hpan ain
gazon (m)	မြက်ခင်း	mje' khin:
parterre (m) de fleurs	ပန်းစိုက်ခင်း	pan: zai' khan:

plante (f)	အပင်	apin
herbe (f)	မြက်	mje'
brin (m) d'herbe	ရွက်ရှန်း	jwe' chun:

94

feuille (f)	အရွက်	ajwa'
pétale (m)	ပွင့်ချပ်	pwin: gja'
tige (f)	ပင်စည်	pin ze
tubercule (m)	ဥမြစ်	u. mi'

| pousse (f) | အစို့အညှောက် | asou./a hnjau' |
| épine (f) | ဆူး | hsu: |

fleurir (vi)	ပွင့်သည်	pwin: de
se faner (vp)	ညှိုးနွမ်းသည်	hnjou: nun: de
odeur (f)	အနံ့	anan.
couper (vt)	ရိတ်သည်	jei' te
cueillir (fleurs)	ခူးသည်	khu: de

98. Les céréales

grains (m pl)	နံစားပင်တို့၏ အစေ့အဆံ	hnan za: bin dou. i. asei. ahsan
céréales (f pl) (plantes)	ကောက်ပဲသီးနှံ	kau' pe: dhi: nan
épi (m)	အနံ့	ahnan

blé (m)	ဂျုံ	gja. mei: ka:
seigle (m)	ဂျုံရိုင်း	gjoun jain:
avoine (f)	မြင်းစားဂျုံ	mjin: za: gjoun
millet (m)	ကောက်ပဲသီးနှံပင်	kau' pe: dhi: nan bin
orge (f)	မုယောစပါး	mu. jo za. ba:

maïs (m)	ပြောင်းဖူး	pjaun: bu:
riz (m)	ဆန်စပါး	hsan zaba
sarrasin (m)	ပန်းဂျုံ	pan: gjun

pois (m)	ပဲစေ့	pe: zei.
haricot (m)	ပဲလုံးစားပဲ	bou za: be:
soja (m)	ပဲပုပ်ပဲ	pe: bou' pe
lentille (f)	ပဲနီကလေး	pe: ni ga. lei:
fèves (f pl)	ပဲအမျိုးမျိုး	pe: amjou: mjou:

LES PAYS DU MONDE

99. Les pays du monde. Partie 1

Afghanistan (m)	အာဖဂန်နစ္စတန်	apha. gan na' tan
Albanie (f)	အယ်လ်ဘေးနီးယား	e l bei: ni: ja:
Allemagne (f)	ဂျာမန်	gja man
Angleterre (f)	အင်္ဂလန်	angga. lan
Arabie (f) Saoudite	ဆော်ဒီအာရေ့ဗီးယား	hso: di a jei. bi: ja:
Argentine (f)	အာဂျင်တီးနား	agin ti: na:
Arménie (f)	အာမေးနီးယား	a me: ni: ja:
Australie (f)	သြစတြေးလျ	thja za djei: lja
Autriche (f)	သြစတြီးယား	o. sa. tji: ja:
Azerbaïdjan (m)	အာဇာဘိုင်ဂျန်း	a za bain gjin:
Bahamas (f pl)	ဘာဟာမက်	ba ha me'
Bangladesh (m)	ဘင်္ဂလားဒေ့ရှ်	bang la: dei. sh
Belgique (f)	ဘယ်လ်ဂျီယံ	be l gji jan
Biélorussie (f)	ဘီလာရုစ်	bi la ju'
Bolivie (f)	ဘိုလစ်ဗီးယား	bou la' bi: ja:
Bosnie (f)	ဘော့စ်နီးယားနှင့်ဟာ ဇီဂိုဗီနာ	bo'. ni: ja: hnin. ha zi gou bi na
Brésil (m)	ဘရာဇီလ်	ba. ra zi'l
Bulgarie (f)	ဘူလ်ဂေးရီးယား	bou gei: ji: ja
Cambodge (m)	ကမ္ဘောဒီးယား	ga khan ba di: ja:
Canada (m)	ကနေဒါနိုင်ငံ	ka. nei da nain gan
Chili (m)	ချီလီ	chi li
Chine (f)	တရုတ်	tajou'
Chypre (m)	ဆူးပရက်စ်	hsu: pa. je' s te.
Colombie (f)	ကိုလမ်းဘီးယား	kou lan: bi: ja:
Corée (f) du Nord	မြောက်ကိုရီးယား	mjau' kou ji: ja:
Corée (f) du Sud	တောင်ကိုရီးယား	taun kou ri: ja:
Croatie (f)	ခရိုအေးရှား	kha. jou ei: sha:
Cuba (f)	ကျူးဘား	kju: ba:
Danemark (m)	ဒိန်းမတ်	dein: ma'
Écosse (f)	စကော့တလန်	sa. ko: talan
Égypte (f)	အီဂျစ်	igji'
Équateur (m)	အီကွေဒေါ	i kwei: do:
Espagne (f)	စပိန်	sapein
Estonie (f)	အက်စ်တိုးနီးယား	e's to' ni: ja:
Les États Unis	အမေရိကန် ပြည်ထောင်စု	amei ji kan pji htaun zu
Fédération (f) des Émirats Arabes Unis	အာရပ်နိုင်ငံများ	a ra' nain ngan mja:
Finlande (f)	ဖင်လန်	hpin lan
France (f)	ပြင်သစ်	pjin dhi'
Géorgie (f)	ဂျော်ဂျီယာ	gjo gji ja
Ghana (m)	ဂါနာ	ga na

Grande-Bretagne (f)	အင်္ဂလန်	angga. lan
Grèce (f)	ဂရိ	ga. ri.

100. Les pays du monde. Partie 2

Haïti (m)	ဟိုင်တီ	hain ti
Hongrie (f)	ဟန်ဂေရီ	han gei ji
Inde (f)	အိန္ဒိယ	indi. ja
Indonésie (f)	အင်ဒိုနီးရှား	in do ni: sha:
Iran (m)	အီရန်	iran
Iraq (m)	အီရတ်	ira'
Irlande (f)	အိုင်ယာလန်	ain ja lan
Islande (f)	အိုက်စလန်း	ai' sa lan:
Israël (m)	အစ္စရေး	a' sa. jei:
Italie (f)	အီတလီ	ita. li
Jamaïque (f)	ဂျမေးကား	g'me:kaa:
Japon (m)	ဂျပန်	gja pan
Jordanie (f)	ဂျော်ဒန်	gjo dan
Kazakhstan (m)	ကာဇက်စတန်	ka ze' satan
Kenya (m)	ကင်ညာ	kin nja
Kirghizistan (m)	ကစ်ရီကစ္စတန်	ki' ji ki' za. tan
Koweït (m)	ကူဝိတ်	ku wi'
Laos (m)	လာအို	la ou
Lettonie (f)	လတ်ဗီယန်	la' bi jan
Liban (m)	လက်ဘနွန်	le' ba. nun
Libye (f)	လီဗီယာ	li bi ja
Liechtenstein (m)	ဗာတီကန်လူမျိုး	ba di gan dhu mjo:
Lituanie (f)	လစ်သူနီယံ	li' thu ni jan
Luxembourg (m)	လျူဆန်ဘော့	lju hsan bo.
Macédoine (f)	မက်ဆီဒိုးနီးယား	me' hsi: dou: ni: ja:
Madagascar (f)	မာဒက်ကာစကာ	ma de' ka za ga
Malaisie (f)	မလေးရှား	ma. lei: sha:
Malte (f)	မာတာ	ma ta
Maroc (m)	မော်ရိုကို	mo jou gou
Mexique (m)	မက္ကစီကိုနိုင်ငံ	me' ka. hsi kou nain ngan
Moldavie (f)	မိုဒိုရာ	mou dou ja
Monaco (m)	မိုနာကို	mou na kou
Mongolie (f)	မွန်ဂိုလီးယား	mun gou li: ja:
Monténégro (m)	မွန်တန်နီဂရို	mun dan ni ga. jou
Myanmar (m)	မြန်မာ	mjan ma
Namibie (f)	နမ်မီးဘီးယား	nami: bi: ja:
Népal (m)	နီပေါ	ni po:
Norvège (f)	နော်ဝေး	no wei:
Nouvelle Zélande (f)	နယူးဇီလန်	na. ju: zi lan
Ouzbékistan (m)	ဥဇဘက်ကစ္စတန်	u. za. be' ki' sa. tan

101. Les pays du monde. Partie 3

Pakistan (m)	ပါကစ္စတန်	pa ki' sa. tan
Palestine (f)	ပါလက်စတိုင်း	pa le' sa tain:
Panamá (m)	ပနားမား	pa. na: ma:
Paraguay (m)	ပါရာဂွေး	pa ja gwei:
Pays-Bas (m)	နယ်သာလန်	ne dha lan
Pérou (m)	ပီရူး	pi ju:
Pologne (f)	ပိုလန်	pou lan
Polynésie (f) Française	ပြင်သစ် ပေါ်လီးနီးရှား	pjin dhi' po li: ni: sha:
Portugal (m)	ပေါ်တူဂီ	po tu gi
République (f) Dominicaine	ဒိုမီနီကန်	dou mi ni kan
République (f) Sud-africaine	တောင်အာဖရိက	taun a hpa. ji. ka.
République (f) Tchèque	ချက်	che'
Roumanie (f)	ရူမေးနီးယား	ru mei: ni: ja:
Russie (f)	ရုရှား	ru. sha:
Sénégal (m)	ဆယ်နီဂေါ်	hse ni go
Serbie (f)	ဆယ်ဗီယန်	hse bi jan.
Slovaquie (f)	ဆလိုဗာကီယာ	hsa. lou ba ki ja
Slovénie (f)	ဆလိုဗိနီးယား	hsa. lou bi ni: ja:
Suède (f)	ဆွီဒင်	hswi din
Suisse (f)	ဆွစ်ဇာလန်	hswa' za lan
Surinam (m)	ဆူရီနိမ်း	hsu. ji nei:
Syrie (f)	ဆီးရီးယား	hsi: ji: ja:
Tadjikistan (m)	တာဂျစ်ကစ္စတန်	ta gji' ki' sa. tan
Taïwan (m)	ထိုင်ဝမ်	htain wan
Tanzanie (f)	တန်ဇားနီးယား	tan za: ni: ja:
Tasmanie (f)	တာစ်မေးနီးယား	ta. s mei: ni: ja:
Thaïlande (f)	ထိုင်း	htain:
Tunisie (f)	တူနစ်ရှား	tu ni' sha:
Turkménistan (m)	တာ့မင်နိစ္စတန်	ta' min ni' sa. tan
Turquie (f)	တူရကီ	tu ra. ki
Ukraine (f)	ယူကရိန်း	ju ka. jein:
Uruguay (m)	အာရုဂွေး	ou. ju gwei:
Vatican (m)	ဗာတီကန်	ba di gan
Venezuela (f)	ဗနီဇွဲလား	be ni zwe: la:
Vietnam (m)	ဗိယက်နမ်	bi je' nan
Zanzibar (m)	ဇန်ဇီဘာ	zan zi ba